Regina Grabbet

3-7

Laufen, Toben, Springen... Loben

Bewegte
Spiele
für Kinder

Burckhardthaus-
Laetare Verlag

■ Die Reihe „3–7" wird von Hajo Bücken herausgegeben. Sie ist gedacht für alle, die in der Kindererziehung tätig und mit den Problemen von Vorschulkindern konfrontiert sind in Kindergarten, Vorschule und Familie. Jährlich erscheinen zwei Bände.
Die Bände sind einzeln oder fortlaufend zu beziehen.
(Beim fortlaufenden Bezug sparen Sie ca. 15%)

■ Um- und Abbestellungen von Fortsetzungslieferungen jährlich zum 31. Dezember.

© 1987 by
Burckhardthaus-Laetare Verlag GmbH, Offenbach/M.
Postanschrift: Schumannstr. 161, 6050 Offenbach/M.

Der Verlag ist Mitglied im Verlagsring Religionsunterricht (VRU).

Umschlaggestaltung: Peter Weber, Bremen
Illustrationen: Verena Uhlig, Bremen
Herstellung: Joachim Emrich, Offenbach/M.
Satz, Druck und Verarbeitung: RGG-Druck, Braunschweig

CIP-Kurztitelaufnahme der Deutschen Bibliothek

Grabbet, Regina: Laufen, Toben, Springen ... Loben: bewegte Spiele für Kinder / Regina Grabbet. [Ill.: Verena Uhlig]. – Offenbach/M.: Burckhardthaus-Laetare Verlag, 1987.
    (Spiel-Lern-Reihe 3–7)
ISBN 3-7664-9236-5

Inhalt

Gedanken zum Thema   4

Kinder brauchen Spiele   5 | Teil 1
Zum Umgang mit diesem Buch   9

Der Motor im Kind   11 | Teil 2
Organisation motorischer Lernprozesse   12
Bewegung und Psyche   17
Bewegung und Koordination   21
Bewegung und Wettbewerb   22

Lauf, mein Pferdchen   25 | Teil 3
Bewegte Spiele ohne Material   26
…und die Musik spielt dazu   38
Musik- und Fadenspiele   39
Geschichten zum Anfassen   52
Auf dem Teppich bleiben…   58

Wir sind springlebendig   63 | Teil 4
Bewegte Spiele mit Material   64

Loben für's Toben   79 | Teil 5
Spiele zum Lärmen und Austoben   80

Bewegungs-Landschaften   85 | Teil 6
Vom Spiel zur Spielaktion   86

Bewegtes Ende   94 | Teil 7
Schlußworte und Quellen   95

Gedanken zum Thema

Laufen, toben, springen, den lieben langen Tag. Bewegung ist für kleine Kinder das Lebenselexier. Wie oft aber werden sie in diesem Tatendrang unterbrochen, wie oft werden sie von Verbotsschildern oder Anweisungen Erwachsener gestoppt! Man will seine Ruhe haben; bei unserem hektischen Alltag auch durchaus verständlich. Wie aber sollen Kinder sich ihre Umwelt aneignen? Indem sie still in den Ecken sitzen und sich mit Bilderbüchern beschäftigen? Oder indem sie alles Wissenswerte über den Fernsehschirm vermittelt bekommen? Das kann ja wohl nicht das Richtige sein.

Mir kam da Regina Grabbet gerade recht. Sie vertritt eine „Bewegungspädagogik", die manchen Erwachsenen aufrütteln wird. Zum kindlichen Ausprobieren gehört neben anderen Sinneseindrücken wie Schmecken, Riechen, Tasten ganz natürlich auch die Bewegung. „Bewegungserfahrungen schließen Erfahrungen der räumlichen und gegenständlichen Umwelt, das Selbst und des eigenen Körpers sowie der sozialen Umwelt mit ein," schreibt sie. Von einem solchen Standpunkt aus betrachtet, kehrt sich einiges ins Gegenteil um. Nun werden Kinder für das „Chaos", das sie oftmals um sich verbreiten, nicht bestraft, sondern vielmehr gelobt. Ein Ansatz, der nachdenklich macht.

Als Herausgeber der Reihe 3 – 7 freue ich mich, daß Regina sich überreden ließ, ihre langjährigen Erfahrungen in einem Buch zu veröffentlichen. Sie hat es als Praktikerin nicht leicht gehabt, Gedanken und Ideen in Worte zu fassen. Deshalb ein Danke schön. Für die Benutzer des Bandes, Eltern wie Erzieher/innen konnte es nicht besser kommen, ist doch der gesamte Band äußerst praxisorientiert.

Bremen, im November 1986   Hajo Bücken

Teil 1

Kinder brauchen Spiele

Kinder brauchen Spiele

Kinder brauchen Bewegung! Kinder brauchen Spiele! Kinder brauchen viel Freiraum für Spiel und Bewegung! Kinder brauchen in der Bewegung den Ausgleich zum Anspruch der Erwachsenen, „still zu sitzen", „ruhig zu sein" oder der Erwartung, möglichst „bewegungslos zu verharren".
Erwachsene haben zwangsläufig gelernt, ihre Bewegungen zu kontrollieren, still zu halten. Ich wundere mich darüber, wie ruhig und diszipliniert Erwachsene selbst bei mitreißenden Musikkonzerten auf ihren Plätzen verharren, kontrolliert in ihren Bewegungen, statt ihrem Gefühl nachgebend sich zur Musik zu bewegen, sich mitreißen zu lassen, sich auszutoben. Kinder sind dazu eher in der Lage, sie sind unkontrollierter, sie geben ihrem Drang nach Bewegung eher nach, werden dabei jedoch von den Erwachsenen stark eingeschränkt. Statt auf die Bedürfnisse der Kinder einzugehen, möchten wir, daß die Kinder sich unseren Bedürfnissen anpassen. Wie sieht denn oft die Praxis in den Kindergärten aus? Viele Erzieherinnen sehen es am liebsten, wenn die lieben Kleinen ruhig am Tisch sitzen, möglichst ohne mit dem Stuhl zu wackeln, ruhig puzzeln, basteln, malen und spielen. Kinder, die das Bedürfnis haben herumzulaufen, werden gemaßregelt. Es macht Erwachsene unruhig, wenn Kinder in Bewegung sind.
Kinder wollen toben, laufen, springen, sie wollen ihren Körper ganzheitlich wahrnehmen und Bewegungserfahrungen machen. So wie Kinder unbekannte Dinge sinnlich wahrnehmen müssen, um sie verstehen und begreifen zu können (also über Anfassen, Schmecken, Reinbeißen, Ausprobieren), sammeln sie auch Bewegungserfahrungen durch sinnliche Wahrnehmung.

Disziplin und Gefühl

Sinnliche Wahrnehmung

6

Bewegungserfahrungen schließen Erfahrungen der räumlichen und gegenständlichen Umwelt, des Selbst und des eigenen Körpers sowie der sozialen Umwelt mit ein. Über Bewegung und Bewegungserfahrungen mit anderen Kindern in der Gruppe erfährt das heranwachsende Kind die Bedeutung von gegenseitiger Rücksichtnahme und gegenseitigem Helfen. Darüber hinaus lernt es, sich bei gemeinsamen Aktivitäten an Absprachen und einfache Regeln zu halten. Das Kind erfährt sein eigenes Können und lernt es mehr und mehr einzuschätzen. Durch das Ausprobieren diverser Bewegungsmöglichkeiten gewinnt es an Selbstvertrauen und Selbstbewußtsein.

Statt Bewegung einzudämmen, sollten Eltern und Erzieher deshalb dem Kind möglichst viel Freiraum lassen und Bewegung fördern. Denn erst wenn Kinder sich ausgetobt haben, können sie dem Anspruch der Erwachsenen nach Konzentration und Ruhe wieder gerecht werden. Bewegung verschafft so Frei- und Ruheräume für Erwachsene und Kinder.

Freiraum lassen

Wenn ich mit dem vorangegangenen an Eltern und Andere appelliere, Kindern möglichst viel Bewegungsfreiraum einzuräumen, so übersehe ich dabei nicht, daß oft entsprechende Rahmenbedingungen fehlen. Die Situation in einer Stadt, in Neubaugebieten ist oft durch Mangel an sicheren und weitläufigen Spielflächen gekennzeichnet. Spielplätze sind oft genormt und eher nach Kostengesichtspunkten als nach tatsächlichen Bedürfnissen von Kindern eingerichtet. Vorrang hat allemal noch der Straßenverkehr oder das neu zu errichtende Wohn- oder Geschäftshaus. Die nichtverbaute Restfläche bleibt dann noch übrig für Bedürfnisse derer, die noch keine Lobby in den Gremien haben, wo entschieden wird, was wo gebaut wird; und das sind unter anderem Kinder.

Einen weiteren Beleg für die kinderfeindliche Gestaltung von Lebensräumen finden wir bei der Bauweise und Raumaufteilung von Wohnungen. Die Wohnungen sind oft hellhörig und die Kinderzimmer in der Regel die kleinsten Räume. Das bedeutet für Kinder aber meistens eine erhebliche Einschränkung des notwendigen Bewegungsfreiraumes. Der dadurch entstehende Konfliktstreß verführt Eltern dann sehr oft dazu, ihre Kinder mit der Droge Fernsehen, bzw. Video ruhig zu stellen.

Reizüberflutung — Folge ist eine passiv erlebte Reizüberflutung, die wegen der fehlenden Möglichkeit des Abreagierens durch mangelnde Freiräume umschlagen kann in Aggressionen oder gänzliche Passivität. Der Mensch ist ein Produkt seiner Umwelt; er wird also in der Regel die Möglichkeiten nutzen, die ihm geboten werden können. Reichen diese aber nicht aus, um dem natürlichen Bewegungs- und Artikulationsdrang entsprechenden Raum zu lassen, sind Störungen in der Entwicklung eines Kindes nicht verwunderlich.

Das vorliegende Buch soll dem etwas entgegensetzen und versteht sich als Hilfe und Anregung für Eltern und Erzieher. Es ist eine Aufforderung an alle, die mit Kindern umgehen, Ruhe und Ordnung nicht als erste und wichtigste Erziehungsaufgabe verstehen.

Kleine Danksagung:
Sabine Hennoch und Horst Müller-Sellhusen haben mir sehr geholfen, die eine in Theorie und Praxis, der andere in den Schreibarbeiten. Dafür vielen Dank.

R.G.

8

Einige Gedanken zum Umgang mit diesem Buch

Aus eigener Erfahrung weiß ich, daß Fachbücher, die man anfangs voller Begeisterung in der Hand hält, nach einer Weile im Bücherregal verschwinden. Es gibt wenige Bücher, die man zwecks Umsetzung in die Praxis mit sich herumschleppt, um hin und wieder reinzusehen.

Viele Gedanken und Ideen, die beim Lesen die Reaktion hervorriefen: „Mensch toll, das werde ich mal mit meinen Kindern ausprobieren", bleiben jedoch Theorien im Kopf. Das liegt daran, daß wir uns oft gar nicht so recht an die einzelnen Spielregeln erinnern können. Wir können uns vage an die Grundidee erinnern, aber um dieses Spiel auch gezielt aufzubauen und durchzuführen, fehlt es an Einzelheiten. Also greifen wir wieder auf die Spiele zurück, die wir schon so oft mit den Kindern gespielt haben und die wir sicher beherrschen, sei es die „Reise nach Jerusalem" oder „Wer hat Angst vor dem schwarzen Mann?".

Um den Lesern zu helfen, die Spielideen zu behalten, jederzeit nachlesen zu können und um ihnen Sicherheit bei der praktischen Durchführung dieser Spiele zu geben, kam mir folgende Idee:

In mehreren Kapiteln haben Leser dieses Buches die Möglichkeit, die Seiten in Teile zu schneiden und sich daraus eine *„Bewegungsspielekartei"* mit verschiedenen Kategorien anzufertigen.

Plant eine Erzieherin jetzt eine Spielstunde mit Tüchern, so braucht sie nur die entsprechenden Kärtchen ihrer Kartei herauszusuchen. Sie kann sie problemlos in die Hosentasche stecken und bei Bedarf vor und während des Angebots herausholen.

Je öfter sie das macht, um so seltener wird sie die Kärtchen brauchen. Der Anfang ist jedoch wichtig; wenn man Ideen neu ausprobiert, sind Hilfsmittel ganz gut, da sie eine gewisse Sicherheit geben.

Ich hoffe, durch die klare Anordnung des Textes, die einfache Sprache, die zahlreichen Praxisbeispiele und die aufgezählten Möglichkeiten aus dem Buch heraus praktische Hilfsmittel für die Praxis zu basteln, möglichst viele Eltern und Erzieher zu erreichen.

Zum Weiterlesen

Susanne Hogrefe, Monika Konrad, Karin Oswald und Helga Recker; Toben, Turnen, Bewegung mit Kindern; Sachbuch rowohlt Taschenbuchverlag, Reinbek bei Hamburg, Dezember 1982

Anne Lief Barlin, Fliegen möchte ich; Otto Maier Verlag Ravensburg, 1982, Ravensburg

Andreas Brinkmann, Uwe Treeß, Bewegungsspiele; Sachbuch rowohlt, Reinbek bei Hamburg, Oktober 1980

Anna Dorothea Stübing, Bewegung, Spiel und Sport mit Kindern; Westermann 1978

E. Hahn, G. Kolb, L. Pfeiffer; Die motorische Entwicklung des Kindes; Schorndorf 1978, Schriftenreihe: Kind und Bewegung, Verlag nicht bekannt

Liselotte Diehm; Bewegungsspiele mit Kindern; rowohlt Taschenbuchverlag, Reinbek bei Hamburg, Februar 1979

Dorothèe Kreusch-Jacob; Das Musikbuch für Kinder; Otto Maier Verlag, Ravensburg, 1975 Ravensburg

Jutta Radel; Erstes Turnen und Spielen; Otto Maier Verlag Ravensburg, 1980 Ravensburg

Fredrik Vahle; Liederspatz; Plöne Verlag 1980

Hajo Bücken, Regina Grabbet; Spiele ohne Tränen; Ettlinger Verlag 1984

Andrew Fluegelmann, Shoshana Tembeck; Die neuen Spiele/New Games; Ahorn Verlag 1979

E.J. Kiphard; Motopädagogik; Dortmund (Modernes Lernen) 1979

Teil 2

Der Motor im Kind

Der Motor im Kind

1. Zur Organisation motorischer Lernprozeße

Entwicklung der Motorik im Vorschulalter: Entwicklungsphasen

Muskelsystem und Bewegungsabläufe in der Entwicklung

Toben und balgen wir mit einem lebhaften Kind im Vorschulalter, wird uns deutlich, wie beweglich in diesem Alter das Muskelsystem ist. Der Umfang dieses Muskelsystems ist unvorstellbar groß. Es wird als neuromuskulares System bezeichnet, da Millionen Muskelfasern wiederum mit vielen Nervenfasern verbunden sind. Diese Verbindungen erhalten Impulse durch ein Dickicht von Nervenzellen im Gehirn und im Rückenmark. Es dauert Jahre, bis dieses System voll ausgebaut ist.

Ein dreijähriges Kind springt, geht und rennt nach Musik. Während dieser Tätigkeit erhöht sich seine Spannung, es kann fallen oder stolpern. – Das vierjährige Kind riskiert immer mehr. Es ist unternehmungslustig, beansprucht mehr Raum, rennt treppauf, treppab und jagt mit seinem Dreirad durch die Gegend. Es hat Spaß an rhythmischer Betätigung und Gleichgewichtsübungen.

Beim fünfjährigen Kind kann man beobachten, daß es die körperlichen Bewegungen besser beherrscht; sie sind weniger fahrig und werden mit größerer Leichtigkeit vollzogen. Das Kind beherrscht allerdings die großen Muskeln eher als die kleinen. Es springt und klettert gern, bewegt sich gern zur Musik.

Mit sechs Jahren ist das Kind gern in fast ständiger
Bewegung. Es wird in seinem starken Tatendrang oft
unvorsichtig und probiert viele Sachen aus. Das sie-
benjährige Kind ist dann schon wieder vorsichtiger,
es wiederholt gern bestimmte Leistungen.
Die motorischen Kennzeichen eines Kindes sind be-
obachtenswert, weil sie sowohl auf den Grad der In-
dividualität wie auch auf den Reifegrad hinweisen.
Eine motorische Auseinandersetzung mit der
Umwelt erfolgt ja zunächst mit dem Erwerb der
Fähigkeiten des Kriechens, Rutschens, Krabbelns –
und später des zunächst breitbeinig stampfenden
Gehens. Weitere motorische Fähigkeiten bilden sich
in den folgenden Jahren aus.

Spiele, die bestimmt werden durch das eigene Können und die Bewegungsfreude, haben für Kinder
einen hohen Stellenwert. Denn sie lieben es, Bewegungsabläufe, die sie beherrschen, oft zu wiederho-
len, werden dabei sicherer und haben so Erfolgserlebnisse, die der Stärkung ihres Ichs dienen.
Da sich mit zunehmendem Alter die motorischen
Grundfertigkeiten weiter ausbilden, erproben sich
die Kinder gern an Bewegungskombinationen, da sie
dann Gehen, Laufen und Springen miteinander ver-
knüpfen können. Das Erproben und spielerische
Einüben elementarer Bewegungen (Funktionsspiele)
reicht nicht mehr aus – die Kinder lassen sich dann
auch gern durch einfache sprachliche Informationen
animieren (Fiktions- und Rollenspiele). Nach und
nach spielen sie auch miteinander.

Die Entwicklung der Muskulatur des Vorschulkin-
des wird durch die körperliche Aktivität bestimmt.
Obwohl zahlreiche Muskeln bereits vorhanden sind
(siehe neuromuskulares System), sind sie noch
schwach ausgebildet. Am schwächsten sind Bauch-
und Rumpfpartien sowie die oberen Extremitäten
entwickelt. Auffällig ist dies beim Schwimmen. Wir
beobachten, daß es den Kindern schwer fällt, das
Gleichgewicht zu halten.

Bedeutung der
Wiederholung von
Bewegungsabläufen

Entwicklung der Motorik im Vorschulalter: Bedeutung der Koordination von Körperempfindung und Wahrnehmung

Muskelstärke, Geschmeidigkeit, Koordination und Gleichgewicht sind wichtige Bestandteile der gesunden Persönlichkeitsentwicklung des Kindes. Wichtig ist es, durch Bewegungsübungen Haltungsschäden vorzubeugen, denn die Schwäche von einzelnen Muskelgruppen kann Haltungsschäden, Körperschmerzen und im Alter Leiden verursachen.

Die Entwicklung der Motorik ist als Prozeß fortschreitender Veränderung zu verstehen. In der Zeit vom dritten bis siebten Lebensjahr vervollkommnen Kinder ihre vielfältigen Bewegungsformen und eignen sich erste Bewegungskombinationen an. Ich habe kurz einen Abriß des motorischen Entwicklungsablaufes in den ersten Jahren gegeben, möchte aber ausdrücklich darauf hinweisen, das es nicht sinnvoll ist, Kinder sozusagen an eine Entwicklungstabelle anzulegen, um zu sehen, ob sie sich „richtig und normgerecht" entwickelt haben. Der Entwicklungsstand eines Kindes sollte zwar in etwa einem Vergleich mit anderen Kindern standhalten, zu berücksichtigen sind aber immer die individuell doch oft unterschiedlichen Anlagen, bzw. vorhandenen Fördermöglichkeiten.

☐ Jedes Kind ist auch in seiner Entwicklung als Individuum zu begreifen. Leistungsvergleiche und Leistungsdruck sind schädlich und verunsichern.
☐ Maßgebend für eine positive motorische Entwicklung ist die sensorische Integration.

Sensorische Integration

Diesen Begriff möchte ich etwas ausführlicher erklären: Jeder Mensch lernt von Geburt an, Empfindungen, die er wahrnimmt, einzuordnen, um sie gebrauchen zu können. Dies ist die Integration der Sinne. Unsere Sinne geben uns verschiedene Informationen, etwa über den physikalischen Zustand unseres Körpers, sie geben uns aber auch Informationen über unsere Umwelt; laufend erreichen uns neue Signale, die wir sinnlich wahrnehmen. Diese verschiedenartigsten Empfindungen werden vom Gehirn geordnet – damit wir uns z. B. normal bewegen lernen. Erst wenn diese gespeicherten Empfindungen geordnet und in der nötigen Reihenfolge abgerufen werden können, können sie auch zielge-

14

recht genutzt werden, um Lernprozeße in Gang zu setzen und gewünschtes Verhalten zu verinnerlichen.

Verhaltenschaos entsteht dagegen bei unorganisierten Empfindungen. Das Kind muß in diesem Fall seine Sicherheit neu gewinnen.

Sensorische Integration ist also sinnliche Verarbeitung von Wahrnehmungen verschiedenster Art. Bei der Integration werden Empfindungen in Wahrnehmungen überführt und z. b. als Verhaltensanleitung gespeichert. So muß ein Kind sehr viel an sensorischer Integration aufbringen, um die ersten Bewegungen auszuführen. Es ist dabei für uns Erwachsene wichtig zu wissen, daß das Gehirn bis zum Alter von sieben Jahren vorwiegend eine Verarbeitungs- und Speicherfunktion für sinnliche Wahrnehmungen darstellt. Das Kind sammelt seine Erfahrungen weitgehend über die Gefühle und Empfindungen. **Rolle des Gehirns bei der Bewegungskoordination**

Der Körper reagiert in Beziehung zu diesen Empfindungen, die Reaktionen gehen eher von den Muskeln als vom Verstand aus. Sie sind eher motorisch als geistig konzipiert. Die ersten sieben Jahre sind also Jahre der sensomotorischen Entwicklung. **Sensomotorische Entwicklung**

Auch wenn später geistige und soziale Reaktionen diese sensomotorischen Impulse ersetzen, so ist die sensorische Integration, die z. B. in der Bewegung Ausdruck findet, die Grundlage für die komplexere sensorische Integration, die nötig ist für intellektuelles und soziales Verhalten.

Ermöglichen wir dem Kind in den ersten sieben Jahren vielfältige Erfahrungen in diesem Bereich, so wird es später in intellektuellen und komplizierteren motorischen Abläufen leichter lernen können, weil es über eine gute Grundsicherheit verfügt. **Verbindung zwischen Bewegungserfahrung und intellektueller Entwicklung**

Kinder möchten sich bewegen; das Erlebnis der Bewegungen stimuliert ihr Gehirn. Toben, Hüpfen, Laufen und Springen, all diese körperlichen Empfindungen fördern die Intelligenz und das Selbstbewußtsein. Das Kind wächst mit seinen Aufgaben; geben wir ihm welche, aber ohne Druck.

Es gibt sehr viele motorisch unruhige und gehemmte Kinder. Die Ursachen dafür sind oft in der Bewegungsarmut zu finden. Traut man Kindern nicht viel zu, werden sie in ihrem Bewegungsdrang eingeschränkt, so werden sie schließlich leicht verstört, verkrampfen sich, verlieren an Selbstvertrauen – werden auffällig.

Kinder müssen in der Familie, im Kindergarten oder in der Schule häufig stillsitzen, nehmen passiv auf und lernen, indem sie das Gesagte geistig verarbeiten. Wir beobachten oft, daß Kinder, die in der Schule zu geistigen Höchstleistungen in der Lage sind, Bewegungsstörungen aufweisen.
Eltern machen oft den Fehler, daß sie Geist und Körper nicht als Ganzes, eine Einheit begreifen. Sie richten ihr Augenmerk überwiegend auf die Leistungen im geistigen Bereich und versuchen, diese entsprechend dem Leistungsideal unserer Gesellschaft zu verstärken.
Im Kindergarten werden Erzieher/innen von den Eltern oft danach befragt, ob sie auch Vorschulübungen anbieten, ob die Kinder im intellektuellen Bereich gefördert und auf die Schule vorbereitet werden. Selten wird dagegen nach der Entwicklung im motorischen Bereich gefragt, also ob das Kind genügend Bewegungsfreiräume hat, ob es sich etwas zutraut.

Interesse zeigen Eltern erst dann, wenn Kinder im Sport Höchstleistungen erbringen. Die ganz normale Bewegungsförderung des Körpers, dem Bewegungsdrang der Kinder mit Anregungen entgegenzukommen, das haben Erwachsene verlernt oder sehen es nicht als für ihr Kind wichtig an. Der Grund ist vielleicht, daß sie selbst ihre Bewegungsstörungen, ihre Bewegungsarmut nicht mehr wahrnehmen. Sie haben es verlernt oder nie gelernt, Körper und Psyche in Einklang zu bringen, ihren Gefühlen und Stimmungen durch Bewegung Ausdruck zu verleihen.

16

Warum laufen wir nicht einfach los, wenn uns danach ist, statt gesittet auf dem Gehweg zu schreiten? Warum springen wir nicht einfach in die Luft, wenn wir uns freuen, statt nur zu lächeln und die Freude durch Sprache auszudrücken? Sind wir nicht auch schon bewegungsgestört? Wir kompensieren Frust durch Konsum, der in der Regel wenig Bewegungsaktivität erfordert.

Zum unterdrückten Bewegungsdrang der Erwachsenen

Um das Bewegungsverhalten und Bedürfnis unserer Kinder zu verstehen, müssen wir aber auch unser eigenes Verhalten in diesem Bereich kritisch überprüfen und möglichst einer Veränderung unterziehen; es lohnt sich.

Tobespiele machen Spaß. So habe ich in der Arbeit auf Seminaren mit Kindern und Erwachsenen festgestellt, daß Erwachsene solchen Spielen erst sehr ablehnend gegenüber standen, nach einer Gewöhnungsphase aber viel Spaß daran hatten. Gerade beim Toben wird viel gelacht. Je wilder das Spiel, je mehr Bewegung im Spiel ist, umso lustiger wird die Stimmung. Auch in diesem Sinn hat Bewegung etwas mit psychischer Verfassung zu tun. Warum sehen wir meist die Familien gesittet und gemächlich bei ihrem Sonntagsspaziergang die Parks abschreiten? Warum veranstalten sie nicht mal wilde Tobespiele miteinander? Weil sich das nicht gehört? Sie würden mit Sicherheit in einer ausgelasseneren Stimmung den Heimweg antreten.

Tobespiele lösen Spannungen

Bewegungsspiele können ermüdete und verspannte Menschen, Frustrierte und Ängstliche, Langsame und Verkrampfte, Unsportliche und Gehemmte wieder in bessere Form und gute Laune bringen.

2. Was hat Bewegung mit der Psyche zu tun?

An der Art, wie sich Menschen bewegen, kann man oft eine ganze Menge erkennen und „ablesen". Die Gestaltpsychologie befaßt sich u. a. mit den Ausdrucksformen menschlicher Bewegung. Trotzdem ist

17

es noch lange nicht Allgemeingut, den Zusammenhang zwischen Bewegung und Psyche zu begreifen, obwohl gerade die Bewegung ein Spiegelbild unserer momentanen Verfassung ist.

Körperhaltung als Ausdruck innerer Empfindungen

Kindern, die Probleme haben, in sich verschlossen sind, sieht man dieses auch häufig an ihrem Bewegungsabläufen an, wenn sie nicht gar eine verkrampfte Körperhaltung aufweisen. Kinder, denen es schwerfällt, die vielfältigen Eindrücke und Erfahrungen einzuordnen, sieht man dagegen oft überaktiv in der Gegend herumrennen. Das Gehirn ist bei diesen Kindern oft überstimuliert und reagiert deshalb mit einer vermehrten Aktivität.

Kinder, die schüchtern und gehemmt sind, trauen sich in den Bewegungen meist wenig zu. Man kann oft schon an ihren Bewegungsabläufen das mangelnde Selbstvertrauen erkennen.

Wir sollten allerdings vorsichtig sein mit bewegungsdiagnostischen Beobachtungen. Diese sind nur begrenzt aussagefähig. Bewegung kann nur im Zusammenhang mit der Situation, in der sie abläuft, gesehen und interpretiert werden.

Vorsicht bei Bewegungsdiagnosen

Vorsicht ist geboten bei den Begriffen Bewegungsauffälligkeit Bewegungsstörung. Solche Auffälligkeiten fallen entgegen ihrer Bezeichnung nur sachkundigen Personen auf. So werden im Vorschulalter tolpatschige und linkische Bewegungen oft als normal angesehen, obwohl es gerade in diesem Alter eine große Grauzone zwischen altersgemäß entwickelter und zurückgebliebener Bewegungsfähigkeit gibt. Bewegungsstörungen dagegen sind schneller zu erkennen und fallen meist auch dem Laien sofort ins Auge. Es handelt sich dabei um starke Abweichungen vom normalem Bewegungsverhalten. Die Behandlung gehört auf jeden Fall in die Hand von Fachkräften.

Bei den Bewegungsauffäligkeiten werden zwei große Gruppen von Symptomen unterschieden, die der Überaktivität und die der Gehemmtheit.

Hier einige Merkmale dazu:

überaktive Kinder	gehemmte Kinder
fahrig	langsame, sparsame
zappelig	Bewegungen
überhastetes Tempo	geringe Spielbereitschaft
unnütze Mitbewegungen	Rückzugstendenzen
des Körpers	
Ungezieltheit der Bewegung	
Schlechte Ökonomie der	
Bewegungsabläufe	

Wenn wir Kinder in Bezug auf Bewegungsauffällig-
keiten beobachten, sollten wir uns folgende Fragen
stellen:
1. Sind die Bewegungen dynamisch, kraftvoll, aus-
gewogen – oder schwerfällig, kraftlos und unausge-
wogen?
2. Sind sie elastisch, federnd, nachgiebig, leise – oder
starr, unnachgiebig, hart und laut?
3. Sind sie sicher, geradlinig, kontrolliert – oder unsi-
cher und unkontrolliert?
4. Können sie das Gleichgewicht halten – oder tau-
meln und schwanken sie leicht?
5. Können sie Bewegungen miteinander kombinie-
ren – oder wirken sie eher stockend, ruckhaft und
unrhythmisch?
6. Ist das Kind geschickt – oder verspannt und fuch-
telnd in seinen Bewegungen?

Wichtig ist auch, daß das Kind bei seinen Bewegungen den Blick vom eigenen Körper lösen kann.

Folgende Bewegungsaufgaben können helfen, Auffälligkeiten zu erkennen:

Dynamik
schnell laufen, weit und hoch springen, klettern und
an Tauen schwingen

Elastizität
Einbein- und Zweibeinhüpfen, Springen von höhe-
ren Hindernissen, Abfangen des eigenen Körpers
beim Fallen

Steuerung
Schnelles Überwinden eines Hindernisses mit
anschließendem Überwinden einer geringen Höhe,
Slalom laufen.

Gleichgewicht
Balancieren über einen niedrigen Balken, Hüpfen
auf einem Bein, Springen auf dem Trampolin

Kombination
Laufen und anschließendes Überspringen eines Hindernisses, Springen von einem Hindernis und
anschließendes Überspringen eines zweiten, Laufen
und Fangen eines Balles

Geschicklichkeit
Rollen, Werfen und Fangen eines Balles

Psychomotorik

Die Psychomotorik hat sich in den letzten Jahren in
starkem Maße mit der Verbindung von Psyche und
Motorik beschäftigt. Das hat dazu beigetragen, daß
wesentliche psychologische Erkenntnisse in den
Bereich der Bewegungserziehung gerade mit Vorschulkindern einfließen.
Die Psychomotorik hat erkannt, daß Kinder Bewe-
gungsfähigkeiten auf breiter Basis erwerben müssen.
Nicht das Einüben ganz bestimmter Bewegungsfer-
tigkeiten und ihre Vervollkommnung nach Erwach-
senenvorbildern ist anzustreben, sondern Bewegungsfreude und körperliches Wohlbefinden soll

**Statt Bewegungs-
programm
ein Übungsfeld**

vermittelt werden. Kinder sollen kein Übungsfeld,
sondern ein Probierfeld vorfinden. Sie sollen sich
ausprobieren können ohne Leistungsanspruch. Eng
ausgelegte, programmierte Übungsteile und Übun-

20

gen engen den Erfahrungshorizont, die vorhandenen Möglichkeiten unzulässig ein und schaden dem Kind langfristig mehr als sie nutzen. Denn Enge und Festlegung sowie die ständige Wiederholung gleicher Bewegungen blockieren gleichzeitig zur körperlichen Beweglichkeit auch die geistige Entwicklung, das selbständige und flexible Denken.

3. Bewegung und Koordination: Soziales Lernen im bewegten Spiel

Wichtig ist, daß wir den Kindern Freiraum fürs Spiel geben. Anhand der Bewegungsspiele können soziale Rollen und Regeln erarbeitet und geübt werden. Wir müssen lernen, den Kindern nicht unsere Pläne und Ideen überzustülpen, sondern vor allem auf ihre Spielideen eingehen. Die Kinder schaffen sich dabei ihre eigenen Gesetzmäßigkeiten, sie helfen einander, sie sprechen sich ab, sie lernen voneinander, sie nehmen Rücksicht.

Spielideen der Kinder weiterentwickeln

Gerade bei Bewegungsspielen wird ein hoher sozialer Anspruch an die Kinder gestellt: Sie müssen nicht nur auf ihren eigenen Körper und die Spielregeln achten, sondern auch Rücksicht darauf nehmen, daß sie andere nicht umlaufen, anstoßen, verletzen. Viele Spiele machen auch erst dann Spaß, wenn mehrere Kinder ihre Reaktionen aufeinander abstimmen, miteinander koordinieren. Die Kinder nehmen während der Spiele Kontakt zu ihren Spielgefährten auf.

Freiraum für soziale Erfahrungen

Wir können für die Kinder ein „Bewegungsfeld" aufbauen und sie dann ihre eigenen Erfahrungen im Umgang miteinander in diesem Feld machen lassen. Wir können verschiedene Materialien verteilen und die Regel aufstellen, daß sie auf ein Zeichen hin diese Materialien untereinander austauschen können.

Über „Bewegungsfelder" siehe auch Kap. 6

Kooperatives Handeln

Im Bereich der Bewegungsspiele bieten sich Formen kooperativen Handelns sachlich bedingt an. In vielen

21

Fällen kann nur durch das Miteinander das Ziel erreicht, die Aufgabe gelöst werden. Die Kinder lernen im Nebeneinander, die anderen Kinder zu beachten, auf sie Rücksicht zu nehmen. Schon bei den einfachsten Formen des Nebeneinanderlaufens achtet jeder auf sich selbst und zwangsläufig auf die anderen. Diese Einsicht wächst aus der Erfahrung, sich nicht nur selbst mit der Aufgabe auseinanderzusetzen, sondern auch Rücksicht auf die anderen Kinder zu nehmen. Das setzt die Beobachtung und Wahrnehmung der anderen Kinder voraus.

Die Kinder lernen, sensibel für die anderen zu werden, etwas mit einem Partner gemeinsam zu tun, eigene Vorstellungen und Wünsche zu Gunsten einer gemeinsamen, vereinbarten Aufgabe zurückzustellen, eine Aufgabe gemeinsam zu lösen, dabei einander zu helfen und unterstützen.

Sensibel für die anderen werden...

4. Bewegung und Wettbewerb: Konkurrenz, Leistung, sich miteinander messen

Spaß an der Bewegung vor Wettbewerbsdenken

In gewisser Weise ist es ein natürliches Bedürfnis der Kinder, sich miteinander zu messen. Ich habe die Beobachtung gemacht, daß Kinder bei Staffelspielen mit dem Wettbewerbsdenken beginnen, daß aber später das Spiel im Vordergrund steht. Das ist gerade bei Vorschulkindern der Fall. Sie vergessen dann oft darauf zu achten, wer als Sieger aus dem Spiel hervorgeht. Der Spaß an der Bewegung steht an erster Stelle.

Wichtig ist dabei, daß wir verstehen, als Spielleiter vom Wettbewerbsgedanken abzulenken, indem wir etwas anderes in den Vordergrund stellen. In unserem Ermessen steht es, Konkurrenzdenken bei den Kindern abzubauen, ihr Interesse auf andere Dinge zu lenken.

Mit einer Kindergruppe führte ich einmal eine Verkleidungsstaffel durch. Die Kinder wollten, daß ich sie in Gruppen teilte; sie standen mir dann auch in

22

zwei Reihen gegenüber. Ich hatte in unterschiedlichen Abständen auf dem Rasen Kleidungsstücke verteilt, für je eine Gruppe eine Kopfbedeckung, einen Schal, eine Jacke, ein Rock und ein Paar zu große Schuhe. Den Kindern gab ich dann die Aufgabe, bei einem Zeichen loszulaufen, sich nach und nach anzuziehen, aber dabei immer in Bewegung zu bleiben.

Ein Kind, das sich angezogen hatte, sollte dann dem nächsten Kind in seiner Reihe behilflich sein, die Sachen anzuziehen. Die Kinder hatten soviel Spaß an der Bewegung und der Verkleidung, daß sie kaum noch darauf achteten, welche Gruppe zuerst fertig wurde. Ich animierte die Kinder auch noch dazu, einzelnen Kindern aus einer anderen Gruppe zu helfen, was sie dann auch taten.

Ähnlich erging es mir mit einer Wasserstaffel: Die Kinder wollten wieder in zwei Gruppen eingeteilt werden. Jede Gruppe hatte eine Kanne mit Wasser und einen Becher zur Verfügung. Auf ein Zeichen schenkte sich das erste Kind jeder Gruppe Wasser in einen Becher, füllte sich damit den Mund und lief damit zu einem Eimer, in den es das Wasser hineinspuckte. Anschließend lief es zurück und das nächste Kind lief los. Ich habe bei diesem Spiel öfter erlebt, daß die Kinder auch in den Eimer der anderen Gruppe spuckten, ohne zu überlegen, daß diese dadurch „eher" siegen konnten, weil sie mehr Wasser im Eimer hat.

Wasserstaffel als konkurrenzfreies Spiel

Natürlich spielt die Konkurrenz gerade bei sportlicher Betätigung eine Rolle. Die Kinder möchten sich aneinander messen. Gerade in diesem Bereich werden auch die meisten Fehler von den Erziehenden gemacht. Die Kinder vergleichen untereinander ihre Leistungen; das ist normal. Das Problem ist nur, daß die Erwachsenen diesen Vergleich noch fördern und dadurch die Kinder, die sich ohnehin wenig zutrauen, noch mehr verunsichern. Nicht selten werden die besten Leistungen sogar noch durch Lob besonders hervorgehoben. Bei den im sportlichen Wettbewerb ohnehin schon gehemmten Kindern wirkt sich die Hervorhebung

Verunsicherung gehemmter Kinder durch Leistungsvergleich

einzelner für sie entsprechend negativ aus, denn die
noch vorhandene Freude an körperlicher Betätigung
wird durch jeden bestätigten „Mißerfolg" geringer.
Deshalb müssen Eltern und Erzieher hier besonders
aufpassen. Wir sollten möglichst vermeiden, die Leistung von Kindern, die besonders gute sensomotorische Fähigkeiten besitzen, hervorzuheben. Oft
genügt diesen Kindern schon die positive Selbst-
erfahrung, das Erfolgserlebnis an sich. Gehemmte
Kinder jedoch brauchen erstmal viel Zuwendung
und Bestätigung ihrer erbrachten Leistungen. Je
mehr sie sich bestätigt fühlen, je weniger sie sich mit
den anderen messen, umso sicherer werden sie.
Die individuelle Leistung zählt; die ist bei jedem
Kind jedoch unterschiedlich. Jedes Kind sollte deshalb in seiner Gesamtpersönlichkeit gesehen werden. Wenn wir das aus diesem Blickwinkel sehen
und entsprechend eine individuelle Förderung vor-
nehmen statt Konkurrenzdenken zu fördern, werden
wir dem Kind gerecht und optimieren so seine Entwicklung.

Grundsätze für pädagogisches Handeln

☐ Der situationsbedingte Ansatz; wir stellen vielfältige Bewegungsmöglichkeiten zur Auswahl, die den
individuellen Leistungsprofilen des einzelnen Kindes
gerecht werden.
☐ Wir sollten vermeiden zu bevormunden oder zu
verallgemeinern.

Verweigerungsrecht der Kinder
☐ Ein Kind muß das Recht auf Verweigerung haben,
seine Aktivitäten sollen möglichst freiwillig sein.

Einbeziehung eigener Bewegungserfahrung
☐ Wir sollten eigene Bewegungs- und Spielerfahrun-
gen einbeziehen und mit den Kindern gemeinsam
neue Bewegungserfahrungen zulassen.
Eigene Ängste werden leicht auf Kinder übertragen.

Um Kindern den Rückzug zu ermöglichen und Frei-
willigkeit der Bewegung zu gewährleisten, bietet sich
an, ein großes Tuch als Höhle zu spannen, in der sich
die Kinder verkriechen können.

Teil 3

Lauf mein Pferdchen

Lauf mein Pferdchen

Bewegte Spiele ohne Material

Bewegung und Phantasie-improvisation

Oft befinden wir uns mit Kindern in einer Situation, in der wir kein Beschäftigungsmaterial zur Verfügung haben, Situationen, in denen wir damit konfrontiert sind, daß die Kinder voller Bewegungsdrang sind. In diesen Situationen denken wir oft darüber nach: Was machen wir jetzt? Wie können wir dem Bedürfnis der Kinder nachgehen? Wie können wir sie beschäftigen? Wir sind oft auch zu fixiert auf Materialien, die wir meinen zu benötigen, und vergessen dabei, daß wir uns selbst, unseren Körper, unsere Phantasie, unsere Stimme haben.

Kürzlich probierte ich mit Erwachsenen und Kindern auf einem Seminar für Familien verschiedene Bewegungsspiele aus, bei denen wir einfach nur durch unterschiedliche Körperhaltung eine Grundspielidee immer wieder verändern konnten.

Beispiel „laufen":

Bewegung mit Körperfiguren

Zunächst einmal machte es den Kindern Spaß, durch eine Reihe zu laufen („Spalier"). Die Erwachsenen bildeten also eine Reihe, wobei die Gegenüberstehenden sich mit ihren Händen festhielten. Die Kinder liefen unter den Händen durch.

Dasselbe ging im Kreis und in Schlängellinien. Dann haben sich die Erwachsenen dicht an dicht auf die Erde gelegt – Bauch auf den Boden – und die Kinder sind auf den Pobacken der Erwachsenen entlang balanciert. Für viele war das eine tolle Erfahrung.

Wir haben mit den Körpern Brücken gebaut und die Kinder sind darunter hindurch gelaufen oder gekrabbelt.

Wir können auch mit unseren Körpern Karussel spielen. Ein bis zwei Erwachsene in der Mitte, die Stand halten, die Kinder bewegen sich, an den Händen gefaßt, drumherum. Beim Karusselspiel können wir uns in verschiedenen Geschwindigkeiten um den eigenen Körper drehen. Die Kinder laufen im Außenkreis. Sie müssen sich gegenseitig auf die Geschwindigkeit einstellen, sonst fallen sie um.

Ein besonders beliebtes Spiel bei den Kindern ist das *Pferdchenspiel,* das man ja in verschiedenen Variationen spielen kann. Die Kinder genießen es, wenn die Erwachsenen das Pferdchen sind und sie auf deren Rücken durch die Gegend reiten. Dabei kann man mit dem „Pferdchen" auch verschiedene Signale abmachen. Wenn man es sanft über den Kopf streichelt, läuft es langsamer, wenn man die Schultern leicht massiert, läuft es schneller, wenn man einen Klaps auf den Po gibt, bleibt es stehen. Der Phantasie sind keine Grenzen gesetzt.

Die Kinder spielen auch sehr gern miteinander Pferdchen. Wir können die Rollen einteilen, etwa Dompteur und Pferd. Sie können paarweise herumlaufen oder im Innenkreis der Dompteur und im Außenkreis die Pferde. – Eine Spielmöglichkeit wäre, daß der Dompteur ein Zeichen gibt und die Pferde entsprechend diesem Zeichen laufen. Die Zeichen können vorher abgesprochen sein oder vom Dompteur so deutlich gegeben werden, daß die Pferde wissen, wo es lang geht. (Zu Pferdchenspielen siehe auch Musik- und Liederhinweise).

Variation des Pferdchenspiels

Es erscheint mir wichtig, in diesem Zusammenhang auf einfache Lauf- und Fangspiele hinzuweisen. Wir kennen alle die bekannten Spiele wie „Mutter, Mutter, wie weit darf ich reisen", wo die Kinder sich in verschiedenen Fortbewegungsarten an die „Mutter" heranpirschen – oder das Spiel „1, 2, 3, Kartoffelbrei...", bei dem sich ein Kind langsam dreht, während sich die anderen Kinder langsam an dieses Kind heranschleichen. Wird eins der heranschleichenden

Lauf- und Fangspiele

Kinder in Bewegung ertappt, muß es zurück zum Ausgangspunkt.

Ich möchte die Reihe dieser „bekannten" Laufspiele erweitern. Aus eigener Erfahrung weiß ich, daß man Hinweise, Ideen, Anregungen liest, toll findet oder nicht und irgendwo zu den „Kopfakten" legt, wo sie teilweise verschüttet liegen bleiben. Mir ist es wichtig, diese Anregungen hier so aufzulisten, daß sie für die Praxis einzusetzen sind: per Fotokopie auf Karteikarten geklebt, jederzeit greifbar.

Lauf- und Fangspiele

… dies Spiel führt schnell zu ausgelassener Stimmung

Lauf- und Fangspiele

Blinder schlägt ab
Wir brauchen eine Maske oder ein Tuch

Verlauf: Der Spielleiter beginnt. Er bindet das Tuch um (oder setzt die Maske auf) und versucht, die anderen um sich herum abzuschlagen. Diese bewegen sich in einem begrenzten Raum. Wer abgeschlagen ist, bleibt ohne Bewegung stehen. Der Spielleiter übergibt das Tuch (die Maske) dem Letzten, den er abschlägt.

Lauf- und Fangspiele

Blinde Kuh mit Zahlen
Variante des Spiels Blinder schlägt ab

Verlauf: Wir spielen das Spiel so, daß jedes Kind eine Zahl hat. Die „blinde Kuh" ruft zwei Zahlen auf, die Spieler tauschen die Plätze. Auf ein Zeichen laufen sie durch den Kreis und werden dann von der „blinden Kuh" gefangen.

Lauf- und Fangspiele

Hüpf, blinder Floh

Verlauf: Beim Fangen hat der blinde Floh beliebig viele Sprünge frei. – Der sehende Floh hat dagegen nur 10 Sprünge frei. Wer wird zuerst gefangen?

Lauf- und Fangspiele

Sucher gesucht

Verlauf: Die Kinder werfen einen Gegenstand in die Mitte; einer muß ihn mit verbundenen Augen suchen.

Lauf- und Fangspiele

Schuhsucher

Verlauf: Wir knoten die Schuhe der Kinder (und Erwachsenen) an ein langes Band. Eine Gruppe läuft damit weg, wir müssen hinterherlaufen und die Schuhe abknoten.

Lauf- und Fangspiele

Schattentreten

Verlauf: Die Spieler laufen herum. Tritt einer auf das Schattenbild eines Mitspielers, darf er ihn anfassen und mit ihm zusammen laufen.

Lauf- und Fangspiele

Kreuzfangen

Verlauf: Der Fänger jagt unerbittlich einem Spieler nach, in der Absicht, ihn abzuschlagen. Kreuzt jedoch ein anderer Spieler ihren Weg, so muß sich der Fänger an dessen Fersen heften. Damit hat der erste Zeit zu verschnaufen. Wichtig ist gegenseitige Hilfe.

Lauf- und Fangspiele

Gefängnislauf

Verlauf: Die Spielfläche ist ein großes Rechteck; in der Mitte befindet sich ein kleines Quadrat.
Die Kinder müssen in Bewegung sein. Ein Polizist bewacht das Feld; erwischt er einen Eindringling, sperrt er ihn sofort ins Gefängnis (in der Mitte). Dort wird es bald eng.

Lauf- und Fangspiele

Hindernislauf zur Insel

Verlauf: Von einer Ziellinie aus müssen sich die Kinder „übers Meer" zur Insel „hangeln". Dies geschieht mit Hilfe von Fliesen, Pappdeckeln usw., sie bewegen sich also von einer Unterlage zur nächsten.

Lauf- und Fangspiele

Fuchs und Gänse

Verlauf: Der Fuchs befindet sich im Versteck. Die Gänse müssen ihn dort entdecken. Ist dieses der Fall, rufen sie aufgeregt: „Der Fuchs, der Fuchs" und laufen schnell zu ihrem Standort zurück; der Fuchs natürlich hinterher. Erwischt er eine Gans, muß diese in der nächsten Runde der Fuchs sein.

Lauf- und Fangspiele

Variation des Fuchsspiels

Verlauf: Jede Gans hat einen anderen Standort. Sie verlassen diesen, nachdem sie vorher miteinander Kontakt aufgenommen haben. Sie locken den Fuchs aus seinem Versteck. Dieser versucht, sie einzufangen.

Lauf- und Fangspiele

Hase im Gras

Verlauf: In einem Kreis mit 10 bis 15 Metern Durchmesser steht der Hasenfänger. Die Hasen stehen ringsherum, zu vieren abgezählt. Der Spielleiter ruft eine bestimmte Zahl. Die Hasen mit dieser Zahl betreten nun den „Garten" des Hasenfängers. Innerhalb des Gartens versucht der Hasenfänger, einen Hasen zu fangen und tauscht mit ihm dann die Rolle.

Lauf- und Fangspiele

Froschhüpfen

Verlauf: Auf ein Kommando hüpfen alle Kinder als Frösche herum. Wer vom Fänger angetickt wird, muß sich jedoch in einer anderen Bewegungsart fortbewegen, z.B. als Störche. Die Störche müssen dann die restlichen Frösche fangen.

Lauf- und Fangspiele

Popcorn

Verlauf: Die Kinder hüpfen in einem begrenzten Feld. Die Kinder, die sich dabei berühren, bleiben aneinander „kleben" und hüpfen gemeinsam weiter.

Komm mit – lauf weg

Verlauf: Alle Kinder sitzen oder stehen in Kreisaufstellung. Ein Kind läuft außen um den Kreis herum, tickt ein anderes Kind an und ruft: „Komm mit" oder „Lauf weg". Je nach Zuruf läuft das Kind hinterher oder in entgegengesetzter Richtung um den Kreis herum; es versucht, den freien Platz zuerst zu erreichen. Wer das nicht schafft, läuft weiter im Kreis herum.

Bänder fangen

Verlauf: Jedes Kind steckt ein Band in seine Hose. Jeder versucht nun, möglichst viele Bänder zu fangen und sein eigenes Band zu verteidigen.

Rot–Grün

Verlauf: Zwei Gruppen unterschiedlicher Farbe stehen sich gegenüber. Wir können den Kindern einen Farbtupfer auf die Nase geben, damit sie einer Farbe zugeordnet werden können. Auf den Ruf des Spielleiters „Grün!", läuft die grüne Mannschaft zu ihrer Ausgangslinie zurück, während die rote Mannschaft versucht, so viel wie möglich zu fangen. Gefangene Kinder wechseln zur anderen Seite über.

Bruder hilf

Verlauf: Ein oder mehrere Kinder sind Fänger. Die Läufer können sich retten, indem sie laut „Hilfe" rufen und sich mit einem anderen Läufer zusammenfinden. Dieses Paar darf dann nicht getickt werden.

Überspringen macht frei

Verlauf: Alle Kinder sitzen mit ausgestreckten Beinen auf dem Boden. Durch Überspringen von Beinen kann der Läufer einen Wechsel bewirken: Der Fänger wird Läufer, das übersprungene Kind Fänger.

Sitz Hase – lauf Hase

Verlauf: Drei oder vier Fänger stupsen die Hasen an und rufen ihnen „Sitz Hase!" zu. Die sitzenden Hasen können von den laufenden Hasen durch Zuruf „Lauf Hase!" befreit werden.

Kettenfangen

Verlauf: Ein oder mehrere Fänger versuchen, die Mitspieler zu berühren. Berührte Kinder bilden mit dem Fänger die immer länger werdende Kette, die nicht auseinanderreißen darf. – Variation: Bei einer Kette von 4 Fängern wird in 2 Paare geteilt.

Lauf- und Fangspiele

Statuenspiel

Verlauf: Ein oder mehrere Fänger; Läufer, die sich bedroht fühlen, erstarren zu einem Denkmal. Sie können erlöst werden, indem sich ein anderer Läufer vor sie stellt und das Denkmal nachbildet.

Lauf- und Fangspiele

Federnrupfen

Verlauf: Zwei bis vier Fänger bekommen je mehrere Wäscheklammern, die an die Kleidung geheftet werden. Haben sie einen Läufer erreicht, können sie ihm eine Klammer anheften. Der Fänger, der zuerst keine Klammer mehr hat, ist Sieger.

Brücken kriegen

Verlauf: Ein oder mehrere Fänger versuchen, die umherlaufenden Kinder abzuschlagen. Erwischte Kinder müssen eine Brücke bilden. Sie können befreit werden, indem die noch laufenden Kinder unter der Brücke hindurchkriechen.

Fische fangen

Verlauf: Zwei Fischer, die sich anfassen, fangen die herumlaufenden Fische, die sich dann in eine Heringsdose (umgedrehter Kastendeckel) legen müssen. Sind zwei Fische in einer Dose, werden sie zusätzliche Fischer. Der letzte Fisch ist ein Goldfisch.

Hecht im Netz

Verlauf: Allen Spielern werden die Augen verbunden. Sie fassen sich an und bilden einen Kreis. Inmitten des Kreises steht ein „sehender" Spieler, der den Hecht darstellt. Er versucht, aus dem Kreis zu entschlüpfen. Bei jedem Versuch muß er in die Hände klatschen. Gelingt es dem Hecht zu „entschwinden", muß der in den Kreis, der das verschuldet hat.

Lauf- und Fangspiele

Tintenfisch

Verlauf: Der Tintenfisch hat lange Fangarme. Er steht auf der einen Seite, die Kinder auf der anderen. Er versucht nun, Kinder zu fangen. Diese knien sich hin, breiten ihre Arme aus und sind jetzt auch Tintenfische.

Lauf- und Fangspiele

Eisenbahnstaffel

Verlauf: Die Gruppen stehen an der Startlinie. Der erste Läufer saust los zu einem Ziel, läuft um es herum und schlägt den zweiten Läufer ab. Dieser hängt sich an ihn, beide Hände auf den Schultern des Vordermannes. Erst laufen sie zu zweit, dann zu dritt, …schließlich die ganze Eisenbahn.

Lauf- und Fangspiele

Flußgeist

Verlauf: Es wird ein fünf Meter breiter Fluß mit Schnüren abgegrenzt. Auf beiden Seiten stehen sich die Kinder gegenüber. In der Mitte ist der Flußgeist, der den Fluß nicht verlassen darf, die Kinder aber durch Winken anlockt. Das Kind, dem er zugewunken hat, gibt einem anderen Kind auf der anderen Seite ein Zeichen und rennt los, um mit ihm den Platz zu tauschen. Wer beim Überqueren gefangen wird, muß der nächste Flußgeist sein.

**... und die Musik
spielt dazu**

Musik ist ein gutes Mittel, Kinder in Bewegung zu
bringen. Zur Musik können sie ihre Gefühle ausdrücken, sie können ihren „inneren Raum" in äußere
Bewegung umsetzen. Arbeite ich mit dem Raum um
die Kinder herum, muß ich auch mit dem Raum in
ihnen selbst anfangen. Ich kann starke Kontraste aus
allen möglichen Laut- und Bewegungsarten aus dem
Erfahrungsbereich der Kinder finden, um ihnen
bewußt zu machen, wie wir Lautempfindung in
Bewegung umsetzen können.
Es ist oft ein großes Bedürfnis der Kinder, sich zu
lauter Musik entsprechend lärmend und ausgelassen
zu bewegen. Sie finden es toll, ihre Bewegungen dem
Klang und der Rhythmik der Musik anzupassen,
auch bei leiser Musik. Viele Erwachsene meinen, für
Kinder sei eben hauptsächlich Kindermusik passend,
angefangen von speziellen Kinderplatten bis zu tra-
ditionellen Kreisspielen mit Bewegungsliedern.
Natürlich mögen Kinder diese Art von Musik, sie
mögen aber auch unsere Musik. Sie bewegen sich

ebenso gern zu Tönen der Pop-Musik, ja auch an klassischer Musik finden sie Gefallen.

Bei der Auswahl von Musik für Bewegungsspiele und Tänze mit Kindern sollten wir von unserem eigenen Gefühl und Gespür für eine bestimmte Musik ausgehen. Wir merken ja auch bei uns selbst, daß wir bei einer bestimmten Musik etwas empfinden, bei anderen wiederum nicht. Wir spüren, daß wir das Bedürfnis wahrnehmen, uns zu bewegen, wenn wir bestimmte Musikstücke hören; andere wiederum lassen unsere Sinne kalt. Ähnlich ist es auch bei Kindern. Im allgemeinen sind sie es jedoch, die schneller spontaner ihrem Bewegungsdrang nachgehen.

Musikauswahl

Wichtig ist, daß wir uns klarmachen, daß Ziel unserer Spiele mit Musik keine vorzeigbaren Produkte sein sollen, sondern sie vielmehr von impulsiver Gestaltung und Bewegungsfreude geprägt sein sollte. Wichtig sind Gruppenprozeße und Bewegungserfahrungen Einzelner. Bewegung nach Musik kann für Kinder etwas Loslösendes beinhalten, sie können sich loslassen, zur Musik laufen, toben, springen. Das spontane Reagieren, der Einfallsreichtum sollte im Vordergrund stehen.

Musik und Bewegungs-improvisation

Ich möchte jetzt einige Beispiele dafür geben, wie wir durch Anregungen mit Musik und Material (oder auch nur mit Musik) Kinder zur Bewegung motivieren können.

Musik- und Fadenspiele

Wir legen einen Faden kreuz und quer durchs Zimmer und spannen ihn zwischen Stuhlbeinen und sonstigen Möbeln fest, so daß die Möglichkeit besteht, über den Faden zu springen oder auch auf ihm ent-

39

langzulaufen. Es ist unserer Phantasie überlassen, wie unterschiedlich wir den Faden legen und spannen. Wichtig ist, daß die Kinder Raum zu Bewegung finden und das „Fadengewirr" überschaubar bleibt. Wir üben nun zunächst einmal ohne Musik, auf dem Faden entlangzulaufen, ihn zu überspringen usw. Ist uns die Strecke bekannt, setzen wir Musik ein. (Geeignet: Die Pferdchenmusik von Fidula) Nach einer Weile legen wir den Faden anders, so daß wir wieder ein anderes Bewegungsfeld vorfinden. Die Musik kann die gleiche bleiben. Möglich ist allerdings auch, daß nicht die Fäden verändert werden, sondern andere Musik (langsame u. schnelle z. B.) ausgewählt wird, so daß die Kinder zu verschiedener Musik das gleiche Bewegungsfeld „erobern".

Spiel und Bewegung mit Instrumenten

Erzieher und Eltern scheuen sich oft davor, Musikinstrumente in die Beschäftigung mit Kindern einzubeziehen, da sie selbst meinen, unmusikalisch zu sein. Sie haben eine Vorstellung von Musikerziehung, die mit Notenkenntnissen und Klangharmonie besetzt ist. Oft wird dabei übersehen, daß Kinder einfach nur Spaß haben an rhythmischer Begleitung von Melodien, am lauten Klappern, Trommeln, Rasseln. Dabei reicht es oft ihnen zu vermitteln, daß es sich schöner anhört, wenn wir den Einsatz der Instrumente miteinander abstimmen, damit es kein wildes Durcheinander gibt.
Bei diesem Spiel ist es wichtig, daß die Kinder bestimmte Signale als ihr Startzeichen wahrnehmen, sich zu bewegen. Sie lernen sich zu konzentrieren, zuzuhören und das, was sie hören, in Bewegung umzusetzen. Damit alles nicht *zu* wild wird, müssen sie sich untereinander absprechen. Noch abwechslungsreicher wird es, wenn wir noch Rasseln hinzunehmen, die wir aus Holzresten, Kronkorken und einem Draht basteln können.
Egal ob wir in der Familie oder im Kindergarten etwas mit Kindern machen – eine Grundausstattung

Mit Instrumenten zur Bewegung klappern, rasseln, trommeln

40

von selbstgebastelten Instrumenten ist überall angebracht und bringt Kindern viel Spaß. So macht ein wilder „Buschtanz" im Urwald viel mehr Spaß, wenn Kinder auf alten Waschmitteltonnen, bespannt mit Pergamentpapier, dazu trommeln.

Wir können die Kinder in zwei Gruppen teilen, Buschtänzer und Buschtrommler. Die eine Gruppe kann Rhythmus und Schnelligkeit der Bewegungen bestimmen, die andere Gruppe versucht sich mit den Bewegungen auf den Rhythmus der Instrumente einzustellen. Schlagen die Buschtrommler langsam, bewegen sich die Kinder entsprechend; schlagen sie leise, schleichen die Buschtänzer. Wird das Trommeln schneller und lauter, steigern sie sich zu wilden Sprüngen und toben wild herum.

Spaß macht es auch, mit Klapperdosen zu spielen. Diese können wir ganz einfach basteln, indem wir leere Bier-, Saft-, Sprudeldosen sammeln, (bevor wir diese umweltschädlichen Dosen kaufen, ist es angebrachter, sie in Parks oder sonstwo aufzulesen und zu säubern) diese mit breitem Pflaster oben zukleben, nachdem wir sie mit Eicheln, Steinen etc. gefüllt haben und mit Buntpapierfetzen bunt verzieren. Nun können wir Krach machen und uns dazu bewegen.

Wir können aber auch folgendes Spiel spielen, wenn wir uns mit den „Buschtrommlern" zusammentun:

Einfache Instrumente selber machen

Bewegungsspiele mit Instrumenten

Bewegungsspiele mit Instrumenten

Wir brauchen: Trommeln und Klapperbüchsen

Indianertanz

Verlauf: Die Kinder verabreden untereinander, wer sich zu welchem Instrument bewegt. Die „Busch-Trommler" und „Klapperer" spielen im Wechsel zum Tanz auf.

41

Einzelne Kinder können dann auch gut Solotänze zu einem bestimmten Instrument vollführen: Ein Kind bewegt sich nur im Kreis der Gruppe, wenn die Rassel allein zu hören ist, ein Kind bewegt sich, wenn der Trommler ein Solo spielt usw. Spielen alle Instrumente gleichzeitig, tanzen natürlich auch alle Kinder gleichzeitig.

Die Kinder, die kein Instrument abbekommen haben, können klatschen, trampeln oder singen (in erdachter Indianersprache). Wir können auch Pausen für die Buschmusikanten einlegen, in denen die Indianer einfach mit Indianergeheul wild herumhopsen.

Ertönt dann aber die Trommel oder eins der anderen Instrumente (oder alle zusammen), stellen sich die Indianer mit ihren Bewegungen (je nach Absprache) auf die Musik ein. Weitere Spielmöglichkeit:

Bewegungsspiele mit Instrumenten

Bewegungsspiele mit Instrumenten

Wir brauchen: verschiedene Instrumente

Körperdirigenten

Verlauf: Wir verabreden für das Spiel eines bestimmten Instrumentes eine bestimmte Bewegung.
Beispiele: Erklingen die Rasseln, hüpfen die Kinder, bei den Trommeln laufen sie, zu den Klapperdosen springen sie...

Ein Spiel zur Förderung der Sensibilität untereinander

Wichtig dabei ist die Disziplin der Musikanten, nicht durcheinander zu spielen. Die Tänzer müssen lernen, ein Instrument mit einer bestimmten Bewegung zu verbinden.

Zum Basteln von Rasseln, Klapperinstrumenten folgende Tips:

42

☐ *Klangkörper*	☐ *Verschlüsse*
Blechdosen (Tee, Creme)	Dosendeckel
Zigarettenschachteln	festes Papier
Joghurtbecher	Stoffreste
Filmdöschen	weiches Leder
Zündholzschachteln	Plastik
leere Klopapierrollen	

☐ *Füllungen*	☐ *Sonstige Hilfsmittel*
Steinchen	Klebstoff
Erbsen	Klebeband
Knöpfe	Gummiringe
Nägel	Band zum Aufhängen
Büroklammern	
Hydrosteine	
Reis	
Gewürznelken	

Spiel und Bewegung nach Musik von der Schallplatte oder Kassette

Viele von uns kennen vielleicht die beliebte Musik vom Tiercircus (siehe auch Anhang Platten- und Kassettenverzeichnis). Die Kinder lieben es, sich zu dieser Musik zu bewegen und dabei in Tierrollen zu „schlüpfen". Sie ahmen zur Musik die Bewegung der Tiere nach. Die Musik dieser Platte ist gut abgestimmt zur Bewegung, so fällt es den Kindern leicht, sich auf den wilden Tiger oder den Tanzbären, die Pferde oder die Affen einzustellen.

... als Tiere wild bewegen zur Musik ...

Im ersten Teil dieses Kapitels habe ich bereits darauf hingewiesen, daß Kinder gern Bewegungsmuster, Klangmuster mit Bildern verbinden. So wie es ihnen leichter fällt, Bewegungsformen aus einer Geschichte heraus zu vollziehen statt nach sturen Anweisungen, fällt es ihnen auch leichter, Bewegungsformen zu einer Musik zu entwickeln. Hören die Kinder beispielsweise die Klänge zur Pferdchenmusik (ein Stück einer Fidulakassette – siehe Hinweis im Anhang), laufen sie gleich mit wilden Pferdesprüngen durch die Gegend. So werden sie von dieser Musik animiert.

Tanzspiele dürfen nicht so kompliziert, sie müssen einfach sein. Die Kinder müssen die einzelnen Bewegungsformen schnell begreifen können, außerdem muß viel Freiraum für freie, phantasievolle eigene Bewegungen gegeben werden.
Beispiel:

Bewegung zur Musik von Schallplatten und Kassetten

... einfaches Tanzspiel ...

Bewegung zur Musik

Musik: Fidula FF 3060 oder FF 1196

Ru – tschi – tschi

Verlauf: Die Kinder sitzen oder stehen in einer Reihe; ein Kind beginnt zur Musik nach Sprungschritten freier Wahl im Wechsel mit Gehschritten sich im Raum zu bewegen. Ertönt das Rutschi-tschi, fordert es ein anderes Kind mit dem Zeigefinger auf mitzutanzen.

Bei diesem Tanz sind erst wenige Kinder auf der „Tanzfläche". Da aber jedes aufgeforderte Kind ein neues Kind auffordert, sind zum Schluß des Tanzspiels alle Kinder beteiligt.
Manchmal mache ich es auch so, daß ich komplizierte Tänze in einfachere Bewegungsformen umändere. Ein gutes Beispiel hierzu ist der Tanz Bingo:

Bewegung zur Musik

Musik: Fidula FF 1306

Bingo

Verlauf: Wir bilden einen Außen- und einen Innenkreis. Zur Melodie, die wir gut mitsingen können, gehen oder laufen wir in den Kreisen herum. Der erste Spieler des Außenkreises tickt den einzelnen Spielern des Innenkreises bei B I N G O auf den Kopf. Der Getickte schließt sich dem Außenkreis an.

Wir können uns für die Kreise verschiedene Bewegungsformen ausdenken. Zum Ende der Musik führen dann fast alle die gleiche Bewegungsform aus. Gute Erfahrungen mit der Verbindung von Musik und Bewegung habe ich mit den Teilnehmern auf Familienseminaren gemacht. Am Anfang des Seminars eignen sich wilde Musik- und Bewegungsspiele zum Aufwärmen. Eltern machen die Erfahrung, daß es Spaß macht, sich mit Kindern zur Musik zu bewegen. Kinder sind begeistert, gemeinsam mit ihren Eltern zu tanzen.

Bewegung zur Musik

Musik: Fidula FF 3060 oder FF 1215

Siebenstampfer

Verlauf: Wir bewegen uns zunächst laufend im Kreis. Nach einigen Takten machen wir jeweils den angegebenen Sprung mit. In jeder Strophe kommt ein neuer Sprung hinzu. Bei jedem Sprung wird ein anderes Körperteil aktiviert. Zum Schluß liegen wir alle flach auf dem Boden.

Bewegung zur Musik von Schallplatten und Kassetten

Ein Tanzspiel, das uns gut in Bewegung bringt, bei dem wir hüpfen und springen können, bis wir schwitzen.

Bewegung zur Musik

Musik: Fidula FF 1196

Klapperklatsch

Verlauf: Wir verteilen uns im Raum und fassen mit unseren Händen an die Hüften. Nach jeweils acht Takten laufen – suchen wir uns ein Gegenüber – klatschen 2 x in die eigenen Hände und 2 x auf den Rücken des Gegenübers, der wiederum auf seine Schenkel klatscht.

Dieser Tanz ist lustig, einfach, lebt von der Wiederholung und läßt verschiedene Bewegungsformen zu.

45

Ein ausgelassener Tanz, bei dem Erwachsene und Kinder sich gut austoben können, ist die Raspa Mexikana:

Bewegung zur Musik von Schallplatten und Kassetten

Bewegung zur Musik

Musik: Fidula FF 3060 oder FF 1195

Raspa Mexikana

Verlauf: Bei diesem Tanz können die Kinder am Platz tanzen, so wie es ihnen gefällt, mit frei zu wählenden Sprungschritten. Sie können sich aber auch im Kreis aufstellen, um zum 1. Teil der Musik den Hampelmannsprung durchzuführen und im 2. Teil im Kreis zu laufen.

Kinder und auch Erwachsene bewegen sich gern zu schneller Westernmusik, die sich gut zum Gehen und Hüpfen eignet. Beispiel: Camptown Races:

Bewegung zur Musik

Musik: Tänze aus „Far West", Calig 17705

Camptown Races

Verlauf: Die Kinder stehen paarweise im Kreis aufgestellt. Die ersten 16 Takte gehen sie linksherum, die zweiten 16 Takte rechtsherum. Weitere 16 Takte hüpfen sie linksherum, weitere 16 Takte rechtsherum. Danach 16 Takte im Seitgalopp usw.

Die Musik eignet sich gut, um verschiedene Bewegungsarten im Wechsel auszuprobieren.
Im folgenden möchte ich einige Spielvorschläge machen, die man zu verschiedener Musik spielen kann. Besonders gut eignen sich die verschiedenen Langspielplatten vom Pläne-Verlag mit Musik für Kinder. (Siehe Anhang)
Wir können aber auch Popmusik unterschiedlichster Art auswählen. Wichtig dabei ist, daß die Kinder durch die Musik motiviert werden.

Bewegung zur Musik

Bewegung zur Musik von Schallplatten und Kassetten

Musikstop

Spielmöglichkeiten: Bei Musikstop treffen sich alle an einem bestimmten Ort (in einer Ecke, auf einem Tuch)
- es setzen sich alle schnell dort hin, wo sie sich gerade befinden
- alle legen sich auf den Bauch
- alle springen in die Luft
- die erwartete Bewegung jeweils kurz vorher ansagen (nach der bereits durchgeführten)

Die Unterbrechung der Musik stellt ein akustisches Signal dar und kann so gut für Reaktionsspiele benutzt werden. Wir können uns die unterschiedlichsten Aufgabenstellungen ausdenken. (beim Atomspiel z. B. werden bei Musikstop Zahlen angesagt, entsprechend der angesagten Zahl bilden sich Gruppen; wird die Zahl 3 angesagt, bilden sich Gruppen mit jeweils 3 Kindern)

Spiele mit Musik und Luftballons

Bei diesem Spiel
wird die
Sensibilität
für das, was
der andere tut,
geübt.

Spiele mit Musik und Luftballons

Die Kinder klemmen einen Luftballon zwischen sich ein und versuchen, ihn beim Tanzen nicht zu verlieren. (Möglichkeit: zwischen den Köpfen, den Knien, dem Rücken)...

Spiele mit Musik und Luftballons

Die Kinder müssen versuchen, mit geschlossenen Augen einen Luftballon hochzuwerfen und zu fangen. (zu langsamer, ruhiger Musik)

Spiele mit Musik und Luftballons

Wir verteilen an die Kinder Luftballons in verschiedenen Farben. Während der Musik werfen die Kinder die Luftballons in die Luft und fangen sie wieder auf. Bei Musikstop finden sich alle Kinder zusammen, deren Luftballons die gleiche Farbe haben.

Dieses Spiel ist einfach. Die Kinder können die Regel leicht verstehen und können sich gut untereinander helfen bei der Gruppenbildung.

48

Spiele mit Musik und Luftballons

Spiele mit
Musik und
Luftballons

Jedes Kind darf mit Filzstift ein Symbol auf seinen Luftballon malen. Während die Musik spielt, tauschen alle die Luftballons und wirbeln sie bunt durcheinander. Bei Musikstop muß jedes Kind seinen Luftballon wiederfinden.

Dieses Spiel eignet sich, um die Konzentrationsfähigkeit der Kinder zu üben. Sie können wild herumspringen, müssen sich jedoch auf ein Zeichen konzentrieren.

Spiele mit Musik und Tüchern

Spiele mit
Musik und
Tüchern

Beim Einsatz einer Musik werden die Tücher hoch über dem Kopf geschwungen – die Kinder springen und laufen zur Musik wild herum. – Bei Musikstop breiten die Kinder ihr Tuch aus, setzen sich darauf und stellen sich schlafend. Setzt die Musik wieder ein, erwachen sie und alles beginnt von vorn.

Dieses Spiel eignet sich besonders gut, um Kinder an den Wechsel von Ruhe und Bewegung zu gewöhnen.

Spiele mit Musik Tüchern

Wir knoten unsere Hand- oder Fußgelenke mit den Tüchern zusammen, um wild zur Musik herumzuhopsen.
Bei Musikstop bleiben wir wie erstarrt paarweise stehen. Dann entknoten wir das Tuch und wechseln den Partner.

Bei diesem Spiel üben sich die Kinder in der Geschikklichkeit der Bewegung mit verschiedenen Partnern.

Spiel und Bewegung mit Liedern

Die Kinder singen gern auch selbst und bewegen sich zu ihrem eigenen Gesang. Es ist gut, wenn wir einige einfache Bewegungslieder im Kopf haben, dann können wir an jedem Ort (unabhängig von Stromanschluß und elektrischen Geräten) nach Lust und Laune uns zu einer Melodie bewegen.

Wir können auch zu bekannten Melodien selbst mit den Kindern Texte erfinden. Den folgenden Text können wir mit Kindern gut zu der Melodie des bekannten Liedes von Frederik Vahle singen: „Wenn Du fröhlich bist, dann lach doch einfach mal…".

Der umgedichtete Bewegungstext lautet:
Wenn du Lust hast, springe einfach mal.
Wenn du Lust hast, springe einfach mal.
Ja, du kannst es allen zeigen,
brauchst Bewegung nicht vermeiden.
Wenn du Lust hast, springe einfach mal.

Für „springen" kann auch „laufen", „hüpfen", „trampeln" eingesetzt werden.

Der Hase Augustin

Dieses Lied soll stellvertretend für andere Mitspiellieder stehen. Dabei werden an die Kinder einfach Rollen aus dem Lied verteilt. Die ersten Bewegungsspiele kann man anregen, die Kinder selber werden dann weitere entwickeln.

Es war einmal ein Hase, der hieß Augu-stin und lief unglaublich
schnell. Wenn der so durch die Gegend lief und seine fixen Haken schlug,dann blieben alle
Leute stehn,um Augustin zu sehn. Seht mal,wer da rennt, seht mal,wer da rennt,
das ist wohl der Augustin, das Natur- ta- - lent.

Liederspatz
Frederik Vahle
Plöne Verlag

2.
Augustin, der flitzte
sprang über manche Pfütze
und aß gern Rosenkohl.
Doch kam der Gärtner angerannt,
schon war der schnelle Hase weg,
der Gärtner stand im Rosenkohl
und staunte gar nicht schlecht.

Dreimal Sapperment
dreimal Sapperment,
das ist wohl der Augustin,
das Naturtalent.

3.
Einmal kam ein Jäger,
ein dicker, fetter Jäger,
Herr Schlamm aus Düsseldorf,
der hatte sich 'ne Jagd gekauft,
der wollte jetzt auf Hasen gehn,
da kommt schon einer angerannt,
Herr Schlamm hat ihn erkannt:

Dreimal Sapperment …

4.
Herr Schlamm nahm seine Flinte,
die knallte los und stank,
schon flitzte der Hase weg.
Die Kugel hinterher,
doch der Hase war zu schnell,
die Kugel fiel in'n Dreck
und Herr Schlamm, der schimpfte sehr.

Seht mal, wer da rennt,
seht mal, wer da rennt,
das ist wohl der Augustin,
das Naturtalent.

5.
Augustin war stolz,
er trug die Nase hoch
und einen Orden auch.
Er wurde Landesmeister gar
im großen Zickzackdauerlauf
und bei der Ehrenrunde
sangen alle Mann ganz laut:

Dreimal Sapperment …

Wir können bei diesem Spiel die einzelnen Rollen
verteilen und ein Fangspiel mit „Augustin" veranstalten

51

Geschichten zum Anfassen

Wenn ich mit Kindern zusammen bin, arbeite ich gern mit Phantasiebildern. Ein Bild beschwört Gefühle herauf. Für Bewegungsaufgaben sind Bilder besonders hilfreich. Mit der Bildersprache finde ich oft einen guten Ansatz zur Verbesserung der Bewegungsfähigkeit. Bilder bringen Kinder dazu, etwas zu tun, sich anzustrengen, was sie sonst nicht unbedingt täten. Gleichzeitig entdecken sie auch unbewußt, daß sie durch Bewegung eine Handlung ausdrücken können.

Wichtig ist mir, daß die Bilder, die ich gebrauche, aus dem Erfahrungsbereich der Kinder stammen. Außerdem sollten sie zielorientiert sein. Will ich den Kindern beibringen, besonders hoch zu springen, schlage ich z. B. vor, wie ein Känguruh zu springen und nicht wie ein Häschen. Durch Bilder können Kinder zu physischen und emotionellen Höchstleistungen motiviert werden. Bilder sind ein ebenso gutes Mittel wie Musik.

Bewegung und Phantasiebilder

Eine Aneinanderreihung von Bildern ergibt eine
Bewegungsgeschichte. Die Kinder erproben sich in
verschiedenen Bewegungen, sind aber so in ihrer
Phantasiewelt versunken, daß sie sich mitunter mehr
an Bewegung zutrauen als sonst.

Kinder sind oft glücklich, wenn sie zu einer Vorstel-
lungswelt dringen können, in der sie eins werden
können mit Tieren, Vögeln, Gegenständen,
Insekten...Solche Anregungen geben ihnen Freiheit,
sich zu bewegen, und gleichzeitig ein Gefühl, für sie
Bewegung zu vermitteln. Es ist ein Unterschied, ob
ich sage: Lauft mal los...oder ob ich sage: Stellt euch
vor, ihr seid Pferde und lauft wild herum...

Geschichten
motivieren
zur Bewegung

In den Rollen von Tieren sind Kinder zu mehr Bewe-
gungsvielfalt motiviert. Sie benutzen ihre eigene
Kraft und Vorstellung und lernen dabei, sich in
einem begrenzten Raum zu bewegen. Körperbeherr-
schung zu zeigen und das Gleichgewicht zu halten,
fällt ihnen in einer anderen Rolle leichter. Bewegen
sie sich als Tiere zur Erzählung einer Geschichte,
reagieren sie schneller auf Richtungsanweisungen.
Für Kinder ist es mitunter langweilig, wenn sie stur
nach Anweisungen irgendwelche Bewegungen vollziehen. Es entspricht ihrer Phantasiewelt eher, verschiedene Bewegungsformen aus der Handlung
einer Geschichte heraus zu vollziehen. Jede Form
von kreativer Bewegung, die sie durchführen können, erweitert und vertieft ihr instinktives Gefühl für
Rhythmus. Körperliche Fähigkeiten helfen, Bewegungsmuster mit Klangmustern zu verbinden – ein
Frosch, der hüpft und quakt – ein Affe mit lockeren
Gliedern, der beim Gehen kreischt...
Wir können aber auch Geschichten erzählen, bei
denen sich die Kinder dünn machen (in der Rolle des
dünnen Mannes beispielsweise) oder dick machen
(in der Rolle der dicken Köchin), sich lang machen
(als Fisch) oder zusammenrollen (als Schnecke).
Diese unterschiedlichen Körperhaltungen innerhalb
der Bewegung spielen eine wichtige Rolle für die Elastizität.

Als Vorübung und Einstimmung vor dem Erzählen von Geschichten bietet sich an, die Kinder auf verschiedene Bilder, Figuren und damit im Zusammenhang stehende Bewegungen einzustimmen. Beispiele:

Eine Katze sein: Der Bewegungsablauf bezieht sich auf die Rückenmuskeln, Arme und Beine. Der Rücken wird gesenkt und gewölbt. Die Katze kann friedlich schnurrend in der Ecke liegen, aber auch wild in der Gegend herumspringen.

Ein Vogel sein: Die Kinder entwickeln gerne das Gefühl, ein Vogel zu sein, frei herumzufliegen, mit den Flügeln zu schlagen und sich zu strecken.

Die Geschichte vom Bären

Ausgangslage: Die Kinder befinden sich auf einer Seite des Raumes, der Bär in seiner Höhle.
Wir erzählen nun die Geschichte vom Bären und die Kinder vollziehen zur Geschichte die Bewegungen.

Der dicke Bär sitzt in seiner Höhle und schläft. Eines Tages kommen viele kleine Eichhörnchen an seine Höhle gehüpft und rufen: „Bär, Bär, komm heraus!" Sie springen wie wild um seine Höhle herum, doch der Bär schläft ruhig weiter. Die Eichhörnchen wollen ihn jedoch unbedingt wachbekommen. Sie springen immer höher, um in die Fenster seiner Höhle zu blicken.

Die Eichhörnchen schleichen sich leise an, klopfen an die Höhle und rufen: „Bär, Bär, komm heraus!"

Es bietet sich in der Turnhalle an, eine Matte über zwei Kästen zu legen und daraus eine Höhle zu bauen.

Schließlich kommt der Bär auch aus seiner Höhle heraus. Er reckt und streckt sich und gähnt. Dann versucht er, die Kinder (Eichhörnchen) zu fangen. Die Eichhörnchen sind ziemlich verschreckt und versuchen wegzuhüpfen. Der Bär tappt hinterher. Alle Eichhörnchen, die er fängt, werden Mitglieder seiner Bärenfamilie.

54

Wir kaufen ein

Es ist schon sehr spät. Die Geschäfte schließen bald.
Wir laufen schnell los, um noch die wichtigsten
Sachen einzukaufen. Es fängt an zu regnen. Wir laufen immer schneller.
Endlich sind wir beim Bäcker angekommen. Das
Brot, das wir haben wollen, liegt sehr hoch. Wir
springen dreimal ganz hoch, bis wir es endlich
haben. Wir packen es in unsere Tasche und laufen
weiter, zum Schlachter. Dort packen wir uns Würstchen ein. Plötzlich fällt uns das Geld herunter. Wir
suchen überall nach dem Geld. Einer hat es gefun-
den, macht einen Freudensprung und schreit:
„Hurra, hier ist es." Die andern freuen sich mit. Wir
bezahlen die Würstchen und verlassen schnell den
Laden, weil wir auch noch andere Sachen kaufen
wollen. Inzwischen ist es 17.50 Uhr. Wir haben noch
10 Minuten Zeit, dann schließen die Läden.
Jetzt fängt es auch noch an zu regnen. Wir halten
den Regenschirm in einer Hand, laufen um die Pfüt-
zen herum und sind schließlich beim Kaufmann
angekommen. Er will schon zumachen und hat vor
seinem Laden bereits die Obst- und Gemüsekisten
aufgestapelt. Wir springen darüber, gehen vorsichtig
durch die Regale zum Ladentisch und fragen: „Können Sie uns noch etwas Butter, Käse und Milch ver-
kaufen?" Er ist ganz freundlich, gibt uns die Sachen
und wir rennen jodelnd nach Hause. Wir freuen uns,
daß wir alles noch geschafft haben. Jetzt können wir
uns ausruhen und in Ruhe Abendbrot essen.

Schiff im Sturm

Vor Beginn der Geschichte zeichnen wir mit Kreide den Grundriß eines Schiffes auf den Fußboden. Wir erklären die Bezeichnungen: *Bug* – vordere Spitze, *Heck* – hintere Spitze, *Backbord* rechte Seite, *Steuerbord* – linke Seite.

Wir erzählen den Fahrgästen, daß das Schiff sich in einem schweren Sturm befindet und daß wir es nur durch schnelle Gewichtsverlagerung vor dem Kentern retten. Deshalb müssen die Fahrgäste sich auf das Kommando des Kapitäns schnell an die kommandierte Stelle des Schiffes begeben. Wer das Kommando falsch ausführt, bzw. über die Markierung tritt, muß gerettet werden.

Die Geschichte vom Verkehrschaos

Wir stellen uns vor, daß in der ganzen Stadt die Verkehrsampeln außer Betrieb sind. Der Verkehrsschutzmann regelt den Verkehr mit Trillerpfeife und Zurufen. Zu Anfang fahren alle Autos wild durcheinander. Der Schutzmann pfeift und ruft z.B.: „Alle links abbiegen" – und sofort müssen alle die gewünschte Richtung einschlagen. Wenn der Schutzmann „Unterführung" ruft, müssen alle in der Hocke weitergehen. Bei dem Ruf „Rasthaus" müssen alle vor dem Rasthaus parken. Pfeift der Schutzmann lange, müssen die Radfahrer sich in Bewegung setzen, pfeift er kurz, die Autos. Die Fußgänger können jederzeit in Ruhe zwischen den Fahrzeugen herumspazieren, wenn der Schutzmann nicht pfeift. Pfeift er los, müssen sie stehen bleiben.

Wir teilen die Kinder ein in Autofahrer, Radfahrer, Fußgänger etc.

Die Geschichte von den Inselbewohnern

Es waren einmal zwei Inseln, die lagen mitten im Meer. Auf der einen Insel wohnten die Mumplies, ein recht munteres Volk, auf der anderen Insel die Schloppies, ein lahmes Volk, das verlernt hatte, sich zu bewegen.

56

Die Mumplies machen täglich ihren Morgenlauf, laufen immer im Kreis um ihre Insel herum, holen sich ihr Essen vom Baum, wobei sie hoch springen müssen, um die Bananen zu erreichen. Das macht ihnen aber nichts aus. Nach dem Essen holen sie ihre Schubkarren (jeweils ein Kind ist Schubkarre, eins hält die Beine fest) und sammeln Kokosnüsse in die Schubkarren für das Mittagessen. Nach dem Mittagessen veranstalten sie ein „Bockspringen", wobei immer ein Mumplie über den anderen springt. Um dann eine Abkühlung zu suchen, springen einige Mumplies ins Wasser und schwimmen ein paar Runden.

Die Mumplies und die Schloppies kannten sich bisher nicht. Durch Zufall erreichen die schwimmenden Mumplies die Insel der Schloppies, wo diese lahm und gähnend in der Sonne liegen. Einige sind schon krank, weil sie sich kaum bewegen und so wenig zu essen haben. Sie sind ja auch zu faul, um die Bananen zu holen. Die Mumplies zeigen ihnen erstmal, wie hoch sie springen können, wie schnell sie laufen können, wie Schubkarrenlauf, Purzelbäume und Bockspringen geht. Erst trauen sich die Schloppies das nicht zu, merken dann aber langsam, wie toll sie das können und machen die Erfahrung, daß Bewegung Spaß macht.

Auf dem Teppich bleiben

Der Untergrund bringt Unterschiede

Jeder Raum, jeder Boden hat einen anderen Aufforderungscharakter. (Wiese, Halle, Schneelandschaft).
Die Kinder machen ihre Erfahrungen damit und lernen, den Herausforderungen bewegungsmäßig zu
entsprechen.
Die Kinder erleben verschiedene Raumformen und
verschiedenen Untergrund. Es gibt natürliche Formen (Hügel, Graben, Ebene) und künstliche Formen
(Geräte, Röhren etc.).
Es ist besonders spannend für die Kinder, verschiedene Raumqualitäten auch zu erfühlen, sensibel zu
werden für bestimmte Oberflächen (hart, weich, griffig, rutschig, glatt, rauh, sandig, steinig, warm, kalt
etc.).
Beim Ausprobieren der Kinder auf verschiedenem
Untergrund sind natürlich auch Grenzen gesetzt, um
Unfälle zu vermeiden. Die Kinder müssen in einem
bewegungsintensiven Bereich abgesichert sein, denn
jede negative Erfahrung der Kinder wird sie in ihrem
Selbstvertrauen wieder zurückwerfen.

Negative Erfahrun-
gen vermeiden

Für Kinder ist es wichtig, die Dimension der Länge,
Breite, Tiefe und Höhe zu erschließen – Umwelter-
fahrungen zu erweitern – den verschiedenen Aufforderungscharakter der einzelnen Räume aufzuneh-
men und in Bewegungshandlungen umzusetzen.
Wir können verschiedene Untergründe mit geschlossenen Augen fühlen lassen. Wir sprechen über das
Gefühl, das wir beim Betreten einer Wiese, eines
Wasserbeckens, eines Teppichs, eines Sandkastens,
Eimers, Holzfußbodens, einer Betondecke haben.
Wir können nach dem Erfühlen den Kindern verschiedene Aufgaben stellen: – Sie frei herumlaufen
lassen – Grenzen ertasten lassen (in Räumen) – dia-
gonal laufen lassen.

58

Wir können spezielle Spiele entsprechend der Beschaffenheit des Raumes und des Bodens aussuchen: Platzsuchspiele, Ballspiele, Fangspiele, Versteckspiele. Wir können Aufgaben stellen mit verschiedenen Geräten, die auf unterschiedlichem Boden unterschiedliche Reaktionen zeigen. Die Kinder können die Erfahrung machen, daß der Ball auf unterschiedlichen Oberflächen unterschiedlich springt.

Wir können auch verschiedene Räume und Flächen verschieden aufteilen, mit Fähnchen, Seilen, Bänken; es gibt mitunter auch eine natürliche Aufteilung durch Bäume oder Büsche. Die Kinder können unterschiedliche Erfahrungen von Tiefe machen, sei es, daß sie ins Wasser springen oder vom Kasten auf eine Matte. Auch hier spielt die Beschaffenheit des Bodens eine große Rolle. Die Kinder trauen sich mehr zu, ein Sprung wird eher riskiert, wenn eine weiche Landung vorhersehbar ist. Wiederum bringt fester Untergrund Vorteile beim Laufen, bei Fang und Hüpfspielen. Die Kinder fühlen sich sicherer. Erzieher sollten versuchen, durch Ausflüge in die

59

Umgebung den Kindern Erfahrungen im Umgang mit verschiedenen Bodenbeschaffenheiten zu ermöglichen. Wir können bei einem Ausflug die Kinder anregen, verschiedene Bewegungsformen bei einem Hügel auszuprobieren, zu gehen, zu laufen, zu hüpfen, bergauf, bergab zu kriechen, vorwärts und rückwärts zu springen, sich den Hügel hinab zu rollen, zu wälzen.

Den Freiraum der Natur auf Ausflügen nutzen

Die Kinder könnten Pferd und Reiter spielen – drei Kinder bilden mit einem Sprungseil einen Reiter mit einem Pferd an der Leine – alle drei laufen, springen, galoppieren den Hügel hinauf und hinab quer über den Hang. Wir können auch einen Ball mit einem Stab stoßen, wir können mit Fähnchen oder Seilen einen Slalomkurs bauen und bergauf, bergab laufen, hüpfen, kriechen.

Wir können im Winter mit Plastiktüten, Müllsäcken den Hang hinunterrutschen, auf Schalen, mit Schlitten und Ski; wir können in den Sand springen, übers Seil, vom Kasten runter, mit Anlauf.

Wir bauen uns ein Lager zwischen Bäumen und Büschen, das wir als Unterschlupf benutzen. Die einzelnen Kindergruppen schwärmen aus, um Kastanien und Steine zu suchen, toben herum und finden auf ein Zeichen wieder in ihrem Lager Ruhe.

Wenn wir davon ausgehen, daß Kinder in ihrer normalen Umwelt wenig differenzierte und bewußte Erfahrungen machen, ist es besonders wichtig, ihnen Möglichkeiten zu eröffnen, die ihnen das Erleben unterschiedlicher Raumqualitäten ermöglichen.

Um die Sensibilität der Kinder für bestimmte Untergründe zu steigern und ihnen Sicherheit zu vermitteln in der Bewegung auf unterschiedlich beschaffenem Boden, ist es wichtig, sie langsam damit vertraut zu machen. Damit meine ich, daß es sinnvoll ist, Anregungen zu geben, Übungen zu entwickeln, bei denen die Kinder schrittweise sensibilisiert werden, um letztlich die nötige Bewegungssicherheit und damit Selbstvertrauen auf dem jeweiligen Untergrund zu bekommen.

60

Wir können z.B. verschiedene Bodenqualitäten erfühlen lassen beim Barfußgehen. Wichtig ist es vor allem, die Kinder auch mal darüber sprechen zu lassen. Was fühlst Du jetzt auf diesem Untergrund? Wie fühlt er sich an? Welche Körperempfindung hast Du dabei, wenn Du barfuß im Sand läufst und im Unterschied dazu barfuß im Gruppenraum? Wir könnten Bodenbeschaffenheiten mit verbundenen Augen mit Händen und Füßen ertasten lassen. Was traust Du Dir auf diesem Untergrund? Was nicht? Wo sind Deine Unsicherheiten? Und dann kommt der Schritt, die Kinder durch Erfahrungen Unsicherheiten überwinden zu lassen.

Bodenqualitäten erfühlen

Wir könnten auch verschiedene Oberflächen von Geräten anfassen lassen und ihre Beschaffenheit vergleichen – Leitersprossen aus Holz – griffig, warm – Reckstange oder Kletterstange – glatt, kalt, rutschig.

Interessante Erfahrungen machen wir beim Tauchen. Kinder sind sehr stolz, wenn sie die ersten Tauchversuche gemacht haben, das gibt dem Körper eine besondere Leichtigkeit; außerdem erleben sie einen dreidimensionalen Raum beim Tauchen. Oft erlebe ich, daß die Erzieher sich bei der „Bewegungserziehung" mit Kindern schwer tun. (Allein der Ausdruck spricht schon für sich – Kinder brauchen nicht zur Bewegung erzogen zu werden. Sie bewegen sich schon genug, wenn man sie läßt. Wir müssen lediglich Raum und Material zur Verfügung stellen bezw. Anstöße geben). Die Erzieher sind es, die eine gewisse Ordnung brauchen. Sie fühlen sich sicherer, wenn sich die Kinder in Reih und Glied aufstellen, reihenweise auf der Bank sitzen, Staffeln bilden oder im Kreis stehen. Manchmal sind diese Ordnungen auch sinnvoll, aber im allgemeinen ist es für die Kinder wichtig, selber zu lernen, Ordnungen zu organisieren, Rücksichten zu nehmen, aufzupassen auf Gefahren.

Kinder selbst Ordnungen finden lassen

Wenn wir diese Lernerfahrungen durch eigene vor-
strukturierte Regeln vorwegnehmen, verhindern wir
soziale Lernprozesse. So ist es z. B. wichtig, den Kindern mal einige Geräte und den nötigen Platz zur
Verfügung zu stellen, Anregungen zu geben und sie
dann damit nach einem anfänglichen Gespräch
allein zu lassen.

Wir können die Kinder auch erstmal in der Begeg-
nung im Raum ihre Erfahrungen machen lassen. Das
ist vielleicht gefährlicher und aufregender, weil wir
den Kindern auch einiges an Eigenverantwortung
übertragen. Letztlich ist es jedoch wirkungsvoller,
weil die Kinder durch selbständiges Ausprobieren
sicherer werden. (Beispiele: Übung mit aufgezeich-
neten Straßen auf Beton, Fahrrädern, Fußgängern,
Übung mit Holzautos in der Turnhalle).

Wichtig ist, daß wir den Kindern etwas zumuten, den
Überblick behalten, vor nicht zumutbaren Gefahren
laut warnen, kurz vorher oder nachher mit ihnen
sprechen, um ihnen dann wieder neu die Möglichkeit
zu geben, durch das Gelernte sensibler für ähnliche
Situationen zu werden.

Wir können auch nach einer Erprobungsphase mit
der ganzen Gruppe über ihre Raumerfahrungen
reden. Natürlich ist die Erfahrung mit dem eigenen
Körper viel wichtiger als die Gespräche. Die
Gespräche dienen nur der Bewußtmachung.

Kindern Eigen-
verantwortung
übertragen

Teil 4

Wir sind springlebendig

Wir sind springlebendig

Bewegte Spiele mit Material

So wie die Musik ein Mittel sein kann, Kinder zum Laufen und Springen zu bringen, motiviert auch unterschiedliches Material. Für Kinder ist alles, was farbig ist, glitzert, schillert, flattert, raschelt, blitzt und glänzt, faszinierend. Diese Erfahrung können wir gut einsetzen.
Nehmen wir zum Beispiel bunte Tücher. Mit Tüchern lassen sich viele Bewegungsspiele entwickeln. Wir brauchen nicht gleich teure Tücher zu kaufen, – wir nehmen einfach ein ausrangiertes Bettlaken, zerschneiden es in mehrere Teile und färben diese in unterschiedlichen Farben ein.

Farbenpracht

Verlauf: Alle Kinder laufen mit verschiedenfarbigen
Tüchern im Raum umher. Auf ein Zeichen (z.B. auch
bei Einsatz von Musik – Musikstop) tun sich alle Kinder
zusammen, die Tücher der gleichen Farbe haben. Diese
Kinder bilden einen Kreis, laufen im Kreis herum und
wedeln dazu mit ihrem Tuch.

Hexenspiel

Verlauf: Einige der Kinder haben Tücher um den Kopf
gebunden. Sie stellen die Hexen dar und versuchen, die
anderen Kinder in ihr „Hexenhaus" zu locken (Matten,
Decken, mit Kreide aufgemalte Quadrate oder Kreise).
Sie können auch von Anfang an dort bleiben und versuchen, die Kinder zu fangen, die über die „Schwelle"
treten.

Gelenke verbinden

Verlauf: Die Kinder finden sich zu Paaren zusammen.
Sie knoten ihre Tücher zusammen. Mit dem verlänger-
ten Tücherband können sie nun Armgelenke oder Fußgelenke zusammenknoten und so durch die Gegend
hüpfen.

Spiele mit Decken (Laken)

Deckenhaus

Verlauf: Einige Kinder bewohnen gemeinsam ein Dek-
kenhaus. Sie haben sich unter der Decke versammelt,
die wie eine Höhle über ihnen liegt. Auf ein Zeichen
verlassen sie die Deckenhöhle, um dann wieder auf ein
Zeichen zurückzukehren.

Spiele mit Decken (Laken)

Kissen fangen

Verlauf: Zwei bis vier Kinder fassen an einer Decke an
und laufen damit herum. In der Decke liegen Kissen.
Auf ein Zeichen werfen sie die Kissen hoch und fangen
sie wieder auf. Wer bricht den Kissenhochwurfrekord?
Toll ist es auch, die Kissen zwischen den Decken hin--
und her zu werfen.

Eine große Folie
(wird zum Abdek-
ken bei Malerarbei-
ten gebraucht) ist
für wenig Geld zu
erwerben.

Spiele mit Folie

Spielmöglichkeiten:

Mehrere Spieler halten die Folie fest und bewegen sie
rauf und runter.
Sie versuchen, ihre Bewegungen aufeinander abzustim-
men.
Ziel ist es, die Folie möglichst hoch fliegen zu lassen.
Sie gehen in die Knie und heben die Folie über den
Kopf. Nach Absprache lassen alle auf ein Zeichen los.

Spiele mit Folie

Spielmöglichkeiten:
Einige Spieler halten die Folie fest, andere laufen unter-
durch.
Auf ein Zeichen werden die herumlaufenden Spieler unter der Folie „gefangen".

Spiele mit Folie

Spielmöglichkeiten:
Wir blasen ganz, ganz viele Luftballons auf und legen sie
auf die Folie. Zuerst lassen wir sie durch leichte Bewegungen mit der Folie in die Luft steigen. Später werden
die Bewegungen heftiger. Einige Spieler werden zum
„Einsammeln" der herumfliegenden Ballons eingeteilt.

Spiele mit Folie

Spielmöglichkeiten:
Wir haben mehrere Folien zur Verfügung und bilden
Gruppen. Eine Gruppe hat z. B. rote Luftballons in der
Folie, eine andere Gruppe grüne usw. Auf ein Zeichen
wirbeln alle die Luftballons durcheinander. Bei „Stop"
holt sich jede Gruppe ihre Ballons wieder.

Spiele mit Bällen

Wer hat keinen Ball?

Verlauf: Kleine und große Bälle liegen verteilt im Raum,
weniger als Kinder da sind. Zur Musik oder Trommel
hüpfen die Kinder herum. Bei einem Zeichen versucht
jede Kind, einen Ball zu holen und ihn hochzuhalten.
Wer hat keinen abbekommen? Die Bälle werden wegge-
worfen. Es geht wieder los.

Spiele mit Bällen

Werft den Kasten voll

Verlauf: Ein Kasten oder Karton mit vielen bunten Bällen steht in der Mitte des Raumes. Wir werfen die Bälle
und motivieren die Kinder, ihnen nachzujagen und sie
schnell in den Kasten zurückzubringen. Wir können
auch die Kinder Bälle werfen und selbst einsammeln lassen.

Spiele mit Bällen

Garten sauber halten

Verlauf: Wir teilen unseren Spielraum in zwei Gärten.
Wir verteilen die Bälle in die Gärten; vorher bestimmen
wir, welche Bälle der jeweiligen Gruppe gehören. Natürlich sind auch Bälle darunter, die niemand gehören. Das
ist der Unrat; diesen müssen die Gruppen aus ihren Gärten entfernen. Wer das geschafft hat, hat gewonnen.

Spiele mit Bällen

Patschball

Verlauf: Die Kinder sitzen im Kreis. In der Mitte steht ein Papierkorb. Ein Kind wirft den Ball hinein und nennt den Namen eines anderen Kindes. Dieses nimmt den Ball und wirft damit hinter dem anderen Kind her, um es abzutreffen. Hat es das geschafft, darf es selbst den Ball in den Korb werfen und einen Namen rufen.

Spiele mit Bällen

Feldball

Verlauf: Die Halle wird durch Bänke in zwei Felder geteilt. Jede Mannschaft wirft die eigenen Bälle auf die andere Seite und versucht, so ihr eigenes Feld freizuhalten. Sieger ist die Mannschaft, die zuerst keinen Ball mehr im eigenen Feld hat.

Spiele mit Bällen

Balltick

Verlauf: Während die Kinder auf dem Bauch liegen, versuchen sie ein Kind in der Mitte zu treffen, indem sie sich gegenseitig den Ball zurollen. Wer es trifft, darf in den Kreis.

69

Schnurball

Verlauf: Einfach eine Schnur spannen und den Ball (Wasserball, Luftballon) darüber werfen. Musik spielen lassen. Bei Musikstop bekommt ein Teilnehmer der Gruppe, die den Ball gerade hat, einen Punkt auf die Nase.

Nasser Ball

Verlauf: Jede Gruppe streift sich einfache Müllbeutel über den Kopf (Öffnungen für Kopf und Arme einschneiden). Bei jeder Gruppe steht ein gefüllter Wassereimer. Im Halbkreis stehen die Kinder um den Eimer. Sie versuchen, mit Schwung den Ball in den Eimer zu werfen, um die anderen naß zu spritzen.

Jäger und Hasen

Verlauf: Ein Kind bekommt eine Mütze auf und ist der Jäger. Die Hasen laufen vor dem Jäger davon. Der Jäger läuft hinterher und versucht einen Hasen mit dem Ball zu erwischen. Hat er einen erwischt, bekommt dieser die Mütze.

Spiele mit Bällen

Vogelfüttern

Verlauf: Wir brauchen verschiedenfarbige, kleine Bälle
(auch Kastanien, Holzklötze usw.). Das ist unser Vogel-
futter. Die Kinder verteilen sich in verschiedene Ecken.
Sie bilden verschiedene Vogelarten. Auf unseren Zuruf
„Die Vögel haben Hunger" fliegen alle aus und bringen
das verstreute Futter ins Nest.

Spiele mit Autoreifen

Spielmöglichkeiten I:
Die Spieler bauen mit Autoreifen einen Turm und springen hinunter.
Über einen Mitspieler hinweg wird ein Turm gebaut;
samt „Füllung" wird dieser dann umgeworfen.
Über die Autoreifen werden Latten gelegt, so daß wir
darüber balancieren können.
Die Spieler bilden eine Gasse und werfen durch einen
rollenden Reifen Bälle.

Spiele mit Autoreifen

Spielmöglichkeiten II:
Die Spieler bauen einen Turm aus Kisten, Kartons o. ä.;
sie rollen aus einer Entfernung den Reifen so auf den
Turm zu, daß dieser umfällt. Bei zwei Türmen können
sie auch nebeneinander rollen.
Zwei Spieler stehen sich gegenüber. Dazwischen stehen
Spieler hintereinander. Diese Gruppe versucht, über den
rollenden Reifen hinwegzuspringen. Berührt jedoch
einer den Reifen, so wechselt er mit einem der außenste-
henden Spieler.

**Spiele mit
Papierrollen**

Für die folgenden
Spielanregungen
bieten sich Toilet-
tenpapierrollen an
auch Rollen
von Stoffballen
und Haushalts-
papier.

Spiele mit Papierrollen

Spielmöglichkeiten I:

Die Kinder stehen in einer Reihe und bewegen auf ein
Startzeichen hin mit dem Fuß die Rollen vor sich her.
Die Kinder hüpfen auf einem Bein und treiben mit dem
zweiten die Rolle vorwärts.
Die Kinder stellen die Rollen im Raum verteilt auf und
laufen oder hüpfen um sie herum.

Spiele mit Papierrollen

Spielmöglichkeiten II:

Wir können mit den Rollen Tore bilden. Die Kinder können nun eine Eisenbahnschlange bilden und in unterschiedlicher Geschwindigkeit durch die Tore laufen.
Dabei müssen sie aufpassen, daß die Rollen nicht umfal-
len.
Die Rollen können auch im Kreis aufgestellt werden.
Jedes Kind steht hinter einer Rolle. Mit den Händen auf
dem Rücken können die Kinder nun versuchen, die
Rolle unter das Kinn zu klemmen und damit im Kreis
herumzulaufen.

**Spiele mit
Zeitungen**

Spiele mit Zeitungen

Zeitungsleser

Verlauf: Die Zeitungen werden auf dem Boden verteilt.
Die Kinder können nun zwischen den Bogen hin- und
herlaufen oder von Zeitung zu Zeitung springen. Auf ein
Signal hin nimmt sich jedes Kind eine Zeitung, setzt sich
damit hin und simuliert die Rolle des in die Zeitung ver-
tieften Lesers. Ertönt erneut das Signal, so faltet jedes
Kind die Zeitung zusammen und beginnt wieder zu laufen.

Zeitungsball

Verlauf: Viele Zeitungen werden zu Bällen zusammengeknüllt. Nun können wir eine Schneeballschlacht veranstalten. Auf ein Zeichen faßt jedes Kind den Ball mit den Zehen, wirft ihn hoch und fängt ihn mit den Händen.
Die Kinder haben alle einen Zeitungsball vor ihrem Kopf. Auf ein Zeichen schieben sie den Ball vor sich her bis zu einer Ziellinie. – Wir können mit den Bällen auch Fußballspiele ausprobieren.

Gezeiten

Verlauf: Die Kinder üben mit Hilfe der Zeitungen Liegestütz. Sie stützen sich mit den Händen auf die Zeitungen und gehen einen Kreis um die Zeitungen. Sie liegen auf dem Bauch und halten die Zeitungen mit gestreckten Armen vor sich, oder sie pusten die Zeitung vor sich her. Sie liegen auf dem Rücken, halten die Zeitung über dem Kopf und pusten sie in die Luft.

Fechterei

Verlauf: Diesmal wird die Zeitung zusammengerollt. Jeweils zwei Kinder können nun mit ihrer Rolle einen Fechtkampf veranstalten, bis die Zeitung kaputtreißt. Möglich ist es auch, daß mit den Zeitungsrollen verschiedene Lauf- und Fangspiele durchgeführt werden.

Spiele mit Zeitungen

Man kann sich mit Zeitungen nicht nur geistig, sondern auch körperlich betätigen. Man kann sie zusammenrollen, zusammenknüllen oder auch falten. So entstehen lustige Bälle, Stäbe und Sitzflächen.

Teppichfliesen sind als Muster kostenlos in Baumärkten und Teppichmärkten erhältlich. Wir können ähnliche Spiele mit ihnen entwickeln wie mit Bierdeckeln, sie haben jedoch den Vorteil, daß sie größer und handlicher sind. Die Kinder können sich gut darauf setzen oder sie zu einer größeren Sitz-und Spielfläche zusammenlegen.

Spiele mit Teppichfliesen

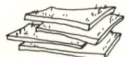

Spiele mit Teppichfliesen

Autorennen

Verlauf: Auf einer Startlinie sitzen die Kinder nebeneinander auf den Teppichfliesen. Auf ein Zeichen bewegen sie sich rutschend mit den Fliesen vorwärts, wobei sie ständig in Berührung mit dem Boden bleiben müssen. Wir können auch mit verschiedenen Hilfsmitteln eine Slalomstrecke aufbauen, durch die sie hindurchrutschen müssen. Alle Kinder bewegen sich mit ihren „Autos" kreuz und quer im Raum. Der Start erfolgt auf ein Signal hin.

Spiele mit Teppichfliesen

Fliesentanz

Da Fliesen vom Material her gut erfühlt werden können, sind sie für Bewegungstastspiele gut geeignet.

Verlauf: Jedes Kind hat eine Teppichfliese in der Hand und läuft damit herum. Eine Musik spielt; stoppt die Musik, setzt sich jedes Kind auf seine Teppichfliese. Die Fliesen liegen aufgestapelt in einer Ecke des Raumes. Die Kinder tanzen zu einer lebhaften Musik wild herum. Stoppt die Musik, nimmt jedes Kind eine Fliese und alle setzen sich im Kreis darauf.
Außer einem Kreis können die Kinder auch andere Figuren legen (Reihen, Schlangenlinien usw.).

74

Große leere Kartons kann man in jedem Supermarkt bekommen. Wir können nicht nur tolle Sachen daraus basteln, sondern auch Bewegungsspiele damit durchführen. Kartons eignen sich bei Tobespielen auch als Kopfschutz. Den Kindern macht es besonders viel Spaß, mit bemalten und beklebten Kartons zu agieren. So kann man lustige Masken bauen und Bewegungsaktionen damit entwickeln.

Spiele mit Kartons

Mauerbau

Verlauf: Die Kinder bauen mit den Kartons eine Mauer, die anschließend wieder abgetragen wird.
Sind die Kartons unterschiedlich bemalt, so können wir Gruppen bilden. Jede Gruppe hat die Aufgabe, eine Mauer in ihrer Farbe zu bauen. Damit das Konkurrenzverhalten unter den Kindern nicht zu groß wird, kann zum Abschluß ein Gemeinschaftswerk aufgebaut werden. Hierbei erhöht eine Zeitbegrenzung den Reiz des Spiels.

Spiele mit Kartons

Maskentausch

Verlauf: Die Kinder laufen und springen mit Kartonmasken über dem Kopf herum. Auf ein Signal hin wechseln sie die Masken und laufen weiter.
Wir können auch so spielen, daß nur einige Kinder die Masken tauschen, während sich die übrigen Kinder die Augen zuhalten. Danach raten sie, wer sich unter der Maske verdeckt.
Reizvoll ist es auch, ein Spielfeld aufzumalen, auf dem sich die Kinder als Spielfiguren bewegen.

75

Spiele mit Bohnensäckchen

Spielmöglichkeiten I:
Die Säckchen werden im Raum auf dem Boden verteilt, die Kinder laufen frei um sie herum und sollten sich dabei möglichst nicht anstoßen. Auf ein Signal greifen sie sich ein Säckchen und setzen sich darauf. Beim nächsten Durchlauf springen die Kinder über die Säckchen, zunächst im einfachen Sprung, später aus dem Grätschstand beidbeinig.

Spiele mit Bohnensäckchen

Spielmöglichkeiten II:
Die Kinder üben mit den Säckchen zu hüpfen und zu springen. Dabei klemmen sie z. B. das Säckchen zwischen die Knöchel und hüpfen vorwärts.
Weitere Möglichkeiten: im Kreis drehen, auf einem Bein hüpfen, seitwärts springen, sich im Sprung drehen. Bei den zuletzt genannten Bewegungen wirft das Kind zunächst das Säckchen von sich, um es dann in den genannten Bewegungsarten zu erreichen.

Spiele mit Bierdeckeln

Spielmöglichkeiten I:
Die Deckel liegen auf dem Boden verstreut herum. Die Kinder hüpfen oder laufen zwischen den Bierdeckeln hin und her. Sie dürfen dabei keinen betreten. Wir legen mit den Bierdeckeln Schlangenlinien. Die Kinder können nun versuchen, auf diesen Schlangenlinien zu laufen, indem sie jeweils mit einem Fuß einen Bierdeckel betreten. Um die Übung zu erschweren, können die Kinder auf einem Bein hüpfen oder mit verbundenen Augen die Bierdeckel beim Laufen ertasten.

Spiele mit Bierdeckeln

Spielmöglichkeiten II:
Die Kinder klemmen die Bierdeckel zwischen die Zehen und versuchen, sie in die Luft zu werfen. Sie können sie auch mit einer Handfläche hochwerfen und mit dem Handrücken wieder auffangen oder sie rutschen mit Bierdeckeln zwischen den Zehen zu einem Behälter, um diesen mit den Deckeln zu füllen.
Wir legen aus zwei Reihen Deckeln einen „Bach". Diesen „Bach" können wir nun in vielen Arten überwinden.

Einige von uns erinnern sich vielleicht daran, daß wir als Kinder gerne Hoppeltwist (auch Gummitwist genannt) gespielt haben. Ein etwa drei Meter langes Stück Einziehgummi (5 mm breit) wird zusammengenäht oder geknüpft. Wir können dann damit vorzüglich die Grundtätigkeiten des Springens und Hüpfens üben. Das Gummiband wird am besten von Zweier- oder Dreiergruppen leicht gespannt gehalten.

Spiele mit Gummiband

Spielmöglichkeiten I:
Zwei Kinder halten das Band, ein drittes Kind springt in den Zwischenraum, ohne das Band zu berühren. Die Kinder können gut selber testen, wie hoch ihre Sprungkraft ist, indem sie das Band unterschiedlich verstellen. Auch im Grätschsprung können sie sich üben.

Ergänzung:
Dies sind nur einige Vorschläge, wie wir mit diversem Material Bewegungsspiele entwickeln können. Wenn wir uns im Haushalt, im Kindergarten oder auch in der Natur draußen umsehen, fallen uns bestimmt noch mehr Dinge auf, die wir für Bewegungsspiele einsetzen könnten.

Spiele mit Gummiband

Spielmöglichkeiten II:
Mehrere Gruppen stehen mit dem Gummiband nebeneinander. Einige Kinder können nun ein Hindernisspringen veranstalten. Sie können aber auch verschiedene Bewegungsformen ausprobieren, indem sie abwechselnd durch die Bänder kriechen, krabbeln, über die Bänder hüpfen, springen oder laufen. Haben die Kinder damit sich vertraut gemacht, so können wir uns auch Übungen ausdenken, bei denen die Bänder überkreuzt werden.

Teil 5

Loben
für's Toben

Loben für's Toben

Spiele zum Lärmen und Austoben

Wie oft hören wir uns selbst zu Kindern sagen:
„Hört doch endlich auf zu toben!" Wir sind genervt,
wenn Kinder wild in der Gegend herumrennen,
wenn sie uns in der Wohnung oder im Gruppenraum
alles durcheinander bringen durch ihren Bewegungsdrang, wenn sie möglicherweise über Tische und
Bänke springen. Wir werden ganz unruhig, wenn wir
dabei zusehen. Es sind oft auch nicht nur die wilden
Bewegungen, die uns in unserem Bedürfnis nach
Ruhe stören, sondern der Lärm, den die Kinder oft
beim „Toben" machen, stört uns ebenso. Wie gehen
wir nun damit um, wenn wir einerseits unserem
Bedürfnis nach Ruhe nachkommen wollen und
andererseits aber auch die Bedürfnisse der Kinder
nach Toben und Lärmen nicht unterdrücken möchten?

Toben und Lärmen

Wir merken selber, daß es nicht viel bringt, Kinder
immer wieder zur Ruhe zu mahnen, sie sogar zur
Ruhe zwingen. Sinnvoller ist es, den Kindern in
einem „begrenzten" Raum Tobemöglichkeiten zu
schaffen, ihnen Anregungen zum Austoben zu
geben, damit sie anschließend wieder in der Lage
sind, ruhig zu sein und sich konzentrieren zu können. Dabei ist es allerdings auch wichtig, darauf zu
achten, daß die Kinder ihre Grenzen nicht über-
schreiten. Es ist sonst sehr schwer für uns, sie aus
diesem „überdrehten" Zustand wieder zurückzuho-
len.

Grenzüberschreitung bringt Probleme

Ich möchte zum Verständnis der beiden Aussagen
praktische Beispiele geben:

1. Es ist nicht sinnvoll, Kinder zur Ruhe zu zwingen.
2. Es ist wichtig, bei Tobespielen sowohl Freiraum
zum Austoben zu geben als auch Grenzen zu setzen.

80

Montagvormittag im Kindergarten. Die Kinder sind zum Teil ziemlich unruhig, können sich schwer längere Zeit auf etwas konzentrieren, lärmen herum. Es entstehen Schwierigkeiten. Die Erzieherin ermahnt die Kinder des öfteren, ruhiger zu sein, auf einem Platz zu bleiben, nicht so viel hin- und herzulaufen. Nach der Ermahnung richten sich die Kinder für kurze Zeit danach – dann geht die Unruhe wieder los. Auch Schreien hilft in dieser Situation nicht viel. Die Unruhe wird immer nur wieder vorübergehend hingedämmt. Um ihrem eigenen Bedürfnis nach Ruhe nachzugeben, versammelt die Erzieherin alle Kinder um sich und ist bemüht, sie auf eine ruhige Geschichte einzustimmen. Zunächst einmal sieht es so aus, als würde ihr das gelingen. Die Kinder lauschen aufmerksam, viele Kinder bleiben auch ruhig – sie spüren die Erwartung der Erzieherin und stellen sich darauf ein. In der Gruppe sind allerdings einige Kinder, die ihre Unruhe und ihren Bewegungsdrang nicht unterdrücken können und wollen. Diese Kinder rutschen nun hin und her, stören, lärmen herum. Die Erzieherin kostet es viel Anstrengung, die Geschichte zu Ende zu erzählen, sie muß wegen der ständigen Ermahnungen laufend unterbrechen.

Was tun bei Unruhe?

Ich möchte durch ein anderes Beispiel mit gleicher Ausgangssituation erläutern, wie die Erzieherin mit dieser Situation auch anders umgehen könnte: Montag vormittag im Kindergarten . – Die Kinder sind zum Teil ziemlich unruhig, können sich schwer längere Zeit auf etwas konzentrieren, lärmen herum. Die Erzieherin versammelt die Kinder um sich und führt mit ihnen ein kurzes Gespräch. Sie teilt ihnen ihre Beobachtungen bezüglich der Gruppenunruhe mit und überlegt mit den Kindern gemeinsam, was sie nun tun könnten, damit die Kinder sich austoben können und dann wieder Ruhe einkehrt. Die Kinder nehmen im Gespräch ihre Anregung an, für eine halbe Stunde Tische und Stühle an die Seite zu stellen und nach einer wilden Musik auf mehreren Kissen herumzuspringen. Auf ein verabredetes Zeichen (z. B. Musikstop) legt sich jedes Kind auf ein Kissen und schläft. Geht die Musik wieder los, rennen alle wieder herum. Dieses Spiel geht so lange, bis die Kinder keine Lust mehr haben.

Es besteht vielleicht auch noch die Möglichkeit mit den Kindern auf eine größere Fläche zu gehen (Rasen, Hof, Halle etc.). Die Erzieherin kann mit einer Schnur einen Kreis um sich herum legen. Alle Kinder sind zunächst bei ihr im Kreis. Auf ein Zeichen: „Hinaus, hinaus aus unserem Haus" laufen die Kinder laut lärmend wild in der Gegend herum, Indianergeheul, wilde Sprünge, alles ist erlaubt. Bei dem Ruf: „Herein, Herein in unser Haus" müssen dann alle wiederkommen und ruhig im Haus warten, bis sie wieder herausdürfen.

Wichtig bei den Tobespielen ist der Wechsel von Ruhe und Bewegung. Es besteht sonst die Gefahr, daß die Kinder rücksichtslos im Umgang mit anderen werden. Kinder müssen erst lernen, mit dem Freiraum des „Tobens" umzugehen. Es ist wichtig für sie, daß wir ihnen die Verantwortung dafür übertragen und daß sie lernen, auch die Grenzen des Tobens zu sehen und einzuhalten. Es bietet sich deshalb an, vorher den Ablauf von Ruhe und „wilder" Bewegung mit den Kindern zu klären und festzusetzen. Es ist keine Lösung, sich auf die Herausforderung der Tobespiele gar nicht erst einzulassen. Wenn die Kinder zwischendurch Raum und Zeit zum „Toben" bekommen und auch lernen, mit dem Wechsel von „Ruhe und Bewegung" umzugehen, so werden wir damit sowohl den Bedürfnissen der Kinder als auch unseren Bedürfnissen gerecht.

Folgende Anregungen sollen helfen, den Kindern das Tobebedürfnis zu ermöglichen: Kinder geraten bei diesen Übungen oft außer Atem. Es bietet sich deshalb nach den Spielen an, gemeinsam eine Schlußrunde zu bilden, in der wir die Kinder spielerisch motivieren, bewußt durchzuatmen und den Kreis-

Ruhe und Bewegung

Der Rücksichtslosigkeit vorbeugen

Abläufe absprechen

Entspannung durch Atmung

82

lauf mit Sauerstoff zu versorgen. Wir können dabei darauf achten, die Atmung zu hören.

Wir können auch Bilder zu Hilfe nehmen. (Wenn wir tief einatmen, werden wir ein dicker Luftballon, atmen wir aus dem Ballon wieder raus…) Wir können Spiele daraus entwickeln, uns gegenseitig aufpumpen. Wir können auch als „Dick" und „Dünn" durch die Gegend marschieren: Atmen wir tief durch die Nasenlöcher, werden wir dick; atmen wir durch den Mund, werden wir dünn.

Um den Wechsel von Bewegung und Ruhe für die Kinder in eine durchschaubare Struktur zu bringen, bietet es sich wieder an, Geschichten zu erzählen, in denen dem Tobebedürfnis ebenso viel Platz eingeräumt wird wie dem Ruhebedürfnis.

Zum richtigen Toben gehört auch das Lärmen und Schreien. Wenn wir eine wilde Gespensterjagd veranstalten, laufen die Gejagten nicht leise, sondern lärmend davon. Kinder spüren gern dieses Prickeln in der Magengegend, wenn sie halb belustigt, halb verängstigt vor einem „Gespenst" davonlaufen. Diese Gefühle setzen sie dann in Bewegung und Geschrei um.

Tobespiel mit „Ungeheuern"

Wir können ein Tobespiel mit einem „Karton-Decken-Ungeheuer" veranstalten. Zwei bis drei Kinder begeben sich unter eine oder zwei Decken. Dem vorderen Spieler wird ein Karton übergestülpt. Die Kinder toben herum und versuchen, dem Ungeheuer zu entkommen. Dann trauen sie sich aber doch vorsichtig an das Monstrum heran, um es zu necken. Nun brüllt das Tier fürchterlich und jagt hinter ihnen her. Viele von uns kennen vielleicht das Buch von den „Wilden Kerlen". (Wo die Wilden Kerle wohnen, Diogenes Verlag) Aus dieser Geschichte lassen sich gute Tobeaktionen entwickeln. Sie handelt von einem kleinen Jungen, der von einer Reise zu den wilden Kerlen träumt. Er erlebt mit ihnen Abenteuer. Erst hat er Angst vor den lauten Kerlen mit ihren wilden Bewegungen. Später entwickelt er Vertrauen zu ihnen und wird sogar zum König gewählt. Während dieser Geschichte geschieht so einiges, was wir gut mit Kindern nachspielen könnten. Wir können Rollen verteilen und den Kindern in der Rolle der wilden Kerle erlauben, so richtig wild herumzutoben und zu schreien. Auf ein Zeichen des „Königs" allerdings müssen sie sich wieder beruhigen. Oft entwickeln die Kinder dies Spiel selbständig in vielen Variationen weiter.

Bewegungs-
landschaften

Bewegungslandschaften

Vom Spiel zur Spielaktion

Mit kleinen Kindern in der Turnhalle

Der folgende Beitrag will eine andere Möglichkeit des Turnens mit Vorschulkindern aufzeigen. Das von uns vertretene Konzept beruht auf den Erkenntnissen und Empfehlungen der Psychomotorischen Erziehung, (Kiphard u. a.) welche sich für den Elementarbereich, Vorschulbereich und Kindergarten als eine „Erziehung durch Bewegung" versteht.

Persönlichkeitsorientiertes Turnen

Nicht Leistungs- und Wettbewerbsgedanken bestimmen das Vorgehen, sondern die erlebnis- und persönlichkeitsorientierte Erziehung. Das spielerische und freie Tun ist die maßgebende Zielsetzung. Auf der hier nicht näher zu erörternden Grundlage dieser Motopädagogik sind die folgenden praxisnahen Berichte und Beschreibungen zu sehen.

Kinder im Vorschulalter brauchen Gelegenheit für großräumige Bewegungen, mit einem großen Freiraum für spontanes und kreatives Handeln. Gerade

Freiraum zum Experimentieren

in diesem Alter sind Kinder spiel-, experimentier- und bewegungsfreudig, lernbegierig und lernfähig. In der Turnhalle bietet sich die Möglichkeit, möglichst frei und selbständig vielfältige Bewegungserfahrungen zu sammeln und Bewegungssicherheit zu gewinnen. Über die Bewegung setzt sich das Kind mit sich selbst und seiner Umwelt auseinander. Seine zunehmende Bewegungsfähigkeit ist ein wichtiger Beitrag für seine Persönlichkeitsentwicklung.

Vielleicht erscheint es einigen Erziehern, Pädagogen und Betreuern von Kindergruppen unüblich, mit Vorschulkindern in eine Turnhalle zu gehen. Ich möchte aus eigenen Erfahrungen berichten und auf-

Bewegungserfahrung durch Geräte

zeigen, wieviel Erfolgserlebnisse und Bewegungserfahrungen Kinder durch den Umgang mit Geräten in der Halle erfahren können, wie das Selbstbewußtsein gestärkt wird, wie Zutrauen und Vertrauen zu sich selbst und den eigenen Leistungen und Fähigkeiten aufgebaut und wie Angst und Unsicherheit durch das neu geschaffene Zutrauen abgebaut werden können.

Das erste Mal in der Turnhalle

Die Kinder kennen die Turnhalle nur von unseren Erzählungen, sind sehr aufgeregt und voller Pläne: Ganz hoch wollen sie klettern, die ganze Stunde schaukeln, mit den Rollbrettern (Flizzis) fahren, ohne daß gleich die nächste Wand sie stoppt. Von uns wissen sie, daß sie dort in der Halle machen dürfen, was sie wollen. Aber es gibt auch einige Regeln, die vorher besprochen worden sind: nicht von der Sprossenwand oder von einem Kasten oder Stufenbarren springen, ohne daß eine Matte darunter liegt, niemanden von einem Gerät herunterschubsen. Nachdem sich die Kinder so schnell wie noch nie umgezogen haben, stürmen sie in die Halle; es entsteht ein ohrenbetörender Lärm. Wir rennen mit ihnen durch die Halle und kümmern uns um die Kinder, die dem Getümmel noch nicht so gewachsen sind. Bald sind die ersten Geräte, Weichböden, Taue entdeckt. Mit unserer Hilfestellung werden die ersten Aufbauten getätigt.

Wie kann so eine Turnhalle aussehen?

An Matten denken

Keinen schubsen

Umziehen

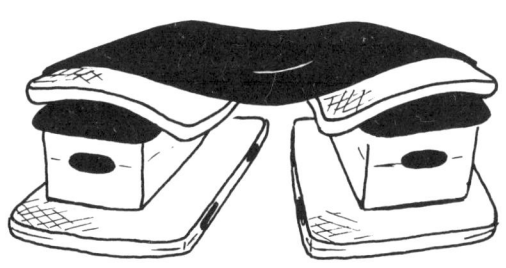

87

Zu Anfang geben wir Anregungen, Tips, wie die Geräte aufgestellt werden können, doch schon bald entwickeln die Kinder eigene Ideen und Vorstellungen werden umgesetzt. So sind die verschiedensten Aufbauten zum Klettern, Rutschen und Springen entstanden. Alle Kinder sind eifrig dabei, die Geräte

auszuprobieren.

Mit zwei Kästen, Matten und dem Schwungtuch haben wir eine Höhle als Rückzugsmöglichkeit für die Kinder geschaffen, die mal einen Moment Ruhe haben möchten.

In der einen Ecke entsteht ein Rollenspiel „Tiere im Wald", wobei die Kästen und Matten als Höhle und die Bank zum Rutschen sich hervorragend mit einbeziehen lassen.

Zum Schluß räumen alle zusammen die Geräte wieder zurück, wobei natürlich einige Kinder immer wieder Gelegenheit finden, auf den Geräten zu turnen. Am Ende der Stunde machen wir Bewegungsspiele oder Angebote aus dem rhythmischen Bereich, um die Stunde gemeinsam in Ruhe zu beenden.

Nach dieser Stundenbeschreibung könnte der Eindruck entstehen, daß die Kinder während des Turnens tun und lassen können, was sie möchten und vom Betreuer vorher keine Zielsetzung und keine Stundenplanung über den Einsatz der Geräte und den Verlauf der Stunde vorgenommen worden ist. Deshalb möchte ich einige wichtige Vorüberlegungen zu einer Turnstunde aufzeigen.

Gespielte Förderung

Die Gestaltung einer Stunde ändert sich von Mal zu Mal durch das aktive Einbeziehen der Kinder und durch unseren gesteuerten Einsatz der Geräte. Nach jeder Stunde werden für die nächste Stunde von uns Schwerpunkte für die folgende Stunde gesetzt. Das heißt, daß die Kinder auch weiterhin ihre Ideen und Vorstellungen umsetzen können und wir diese mit aufgreifen, aber es werden auch ganz gezielt Aufbauten oder Angebote zur Förderung und Stärkung der Muskeln (Fuß, Haltung), der Körperkoordination und des Gleichgewichts vorgenommen.

Anfangs sollte eine Auswahl an Geräteaufbauten stattfinden. Die Kinder wollen meistens alle Geräte auf einmal. Zu viele Aufbauten nebeneinander können auch hemmend wirken. Springen, Schaukeln, Laufen sind erst einmal die grundsätzlichen Bewegungsarten, die Kinder bevorzugen, und diese sollten am Anfang eingesetzt werden. Nach und nach andere Geräte einzusetzen erhöht den Reiz des Neuen.

Springen, Schaukeln, Laufen

Es ist ganz wichtig, vor und bei dem Aufbau einige Sicherheitsvorkehrungen zu beachten. Es müssen Bewegungsbereiche wie z.B. Ballspielfläche, Rollbrettecke, Springen am Minitrampolin (Anlauf) ganz deutlich abgegrenzt werden.

Hierbei üben die Kinder das Planen der Aufbauten, bekommen eine Raumorientierung und üben das Einschätzen von Gefahren: z.B. kann nicht gleich hinter den Ringen, die Platz zum Schwingen brauchen, ein Aufbau stehen, der eine Anlaufstrecke benötigt, die zu den Ringen führt. Außerdem ist es unbedingt notwendig, immer einen Teil des Raumes zum Toben freizulassen.

Bewegungsbereiche abgrenzen

Die Geräte und ihre Zusammenstellung zu Landschaften erfolgt erst, wenn die Kinder in der Turnhalle sind. Sobald die Kinder die Halle und die Bewegungsmöglichkeiten in ihr und an den Geräten kennengelernt haben, werden sie selbst angeregt, Bewegungsideen zu entwickeln und diese Ideen in Gerätearrangements einzubringen.

Durch das Miteinbeziehen entwickeln die Kinder eine Beziehung zu den Aufbauten und können nachvollziehen, wie aus Einzelteilen Gelegenheiten zum Springen, Klettern oder Rutschen entstehen können. Für Kinder stellen solche Aufbauten Bewegungsprobleme dar und sie werden zu einer Auseinandersetzung damit herausgefordert.

Einbeziehen der Kinder beim Geräteaufbau

Bei einem Mattenberg versuchten die Kinder hinauf zu gelangen, sie probierten „Hinaufkrabbeln" oder

„Hochklettern". Herunter kamen sie durch Springen oder „Herunterkrabbeln".

Die Aufbauten sollten so gestaltet werden, daß sie zur Entwicklung von Ideen anregen und möglichst auch einen Eingriff zur Veränderung zulassen.

In einer Turnstunde geht es nicht darum, Fähigkeiten an Geräten zu vermitteln. Würde man versuchen den Kindern nahezubringen, wie man sich an bestimmten Geräten bewegen soll, würden die Kinder in ihrer Phantasie und ihrem Bewegungsdrang eingeengt und die soziale Dynamik einer Kindergruppe wäre nur auf die Anweisung der Betreuer/ Erzieher hin ausgerichtet.

Bewegungsvorgaben vermeiden

Dies ist häufig das Problem im Schulsport. Hier werden wenige Bewegungsmöglichkeiten angeboten, und genau vorgeschrieben, welche Bewegungsabläufe stattfinden sollen.

Der Reiz einer psychomotorischen Turnstunde liegt aber gerade in der Vielseitigkeit des Einsetzens der Geräte und des Miteinbeziehens der Kinder. Die Freude an der Bewegung, am Toben, am Wagen stehen hier im Vordergrund. Welche Aufgaben, Funktionen hat der Erzieher während der Stunde?

Als Betreuer sind wir wichtige Bezugspersonen der Kinder und gestalten mit ihnen zusammen Bewegungsanlässe. Wir geben Hilfestellung beim Aufbau, regen an und motivieren, wo es nötig ist, wir nehmen uns einzelner Kinder an und helfen bei Schwierigkeiten. Wir geben aber keine Bewegungsvorschriften.

Eingriffe nur bei Gefahren

Direkte Eingriffe erfolgen nur, um Gefahren auszuschließen.

Wenn die Möglichkeit besteht, ist es sehr hilfreich, während der Stunde einige Beobachtungen anzustellen, die die nächsten Stundenplanungen einbezogen werden können. Dazu folgende Anregungen:

☐ was tun die Kinder wo und wie lange

☐ welche Veränderungen sind evtl. notwendig, um einige Kinder zusätzlich zu motivieren.

☐ was und wie lange tun die Kinder etwas gemeinsam

☐ welche Konflikte und kritischen Ereignisse können auftreten, und wie kann der Erzieher darauf eingehen

☐ welche neuen Aufbauten können erprobt werden, um ncue Bewegungsanlässe zu geben und damit neue Erfahrungsmöglichkeiten zu eröffnen

☐ welche Aufbauten sind geeignet, parallel aufgebaut zu werden, welche nicht

☐ Beobachtung des einzelnen Kindes

Anhand einer Einzelbeschreibung eines Kindes möchte ich nochmals versuchen, deutlich zu machen, welche Erfolgserlebnisse ein Kind innerhalb einer psychomotorischen Turnstunde erzielen kann. Florian (3 ½ Jahre) ist sehr ängstlich und zurückhaltend, aber voller Bewegungsdrang. Nur mit Hilfestellung der Mutter geht er zaghaft an die Geräte heran. Sie haben einen sehr großen Aufforderungscharakter für ihn und nach und nach wird er mutiger und klettert auf den Mattenberg. Wir ermuntern ihn immer wieder hinaufzuklettern, ohne ihn zu drängen. Er kann sich selbst seine Grenzen setzen und bestimmen, ob er sich weiter vorwagt oder nicht. Innerhalb der nächsten Wochen geht eine deutliche Veränderung mit ihm vor. Er wird wesentlich sicherer in seinen Bewegungen, eine langsame Ablösung zur Mutter während der Stunde erfolgt durch das neu gewonnene Selbstbewußtsein (sie darf nun schon auf der Bank sitzen bleiben). Seine anfängliche Angst und Unsicherheit wird durch die Erfolgserlebnisse an den Geräten mehr und mehr abgebaut.

Diese Beobachtungen können wir in unseren Turnstunden immer wieder feststellen. Durch den angstfreien Umgang mit den Geräten, die einfach durch ihre vielseitige Zusammenstellung für die Kinder einen Aufforderungscharaker und Anreiz bieten, werden ängstliche Kinder über ihre Bewegung in Ihrem Selbstbewußtsein gestärkt, überaktive Kinder können ihre motorische Unruhe ausleben, ohne gleich wieder in ihrer Bewegung durch Vorschriften

Einzelbeispiel: Ausprobieren lassen stärkt Selbstvertrauen

eingeengt zu werden. Die Kinder werden nicht durch Leistungs- und Wettkampfdruck eingeengt.
Im folgenden nun einige Anregungen und Möglichkeiten für Aufbauten in der Halle.

Praxisteil

Aus dem Angebot der Psychomotorischen Übungsgeräte möchte ich „das Schwungtuch und die Flizzis/Rollbretter vorstellen:
In der Praxis haben sich diese Geräte als unerhört erfolgreich und vielseitig einsetzbar herausgestellt. Sie regen zum Spielen und Gestalten an, vermitteln vielfältige Erfahrensmomente im sozialen Bereich, locken spontane Bewegungsaktionen hervor, vermitteln Erlebensfreude und Erfolg und motivieren zum Lernen.

Das Schwungtuch
Das Tuch ist in verschiedenen Größen und Farben (weiß, rot) erhältlich, meist 5, 6 x 5, 6 m und besteht aus reißfestem Gewebe. Durch seine Größe, seine Leichtigkeit und die Fähigkeit für verschiedene Flugbewegungen ist es ein unheimlich reizvolles Übungsgerät.

Übungen mit dem Schwungtuch

Für das Erlernen sozialen Verhaltens ist es sehr gut geeignet, da das Schwingen zu einem Zelt etc. nur gemeinsam passieren kann. Es eignet sich für das Sammeln von Gruppenerfahrungen genauso wie für Einzelaktivitäten und regt die Kinder zu immer neuen Einsatzmöglichkeiten an.

Übungsbeispiele
☐ das Tuch in der Gruppe schwingen, schweben lassen, sich darunter setzen und es auf sich fallen lassen
☐ das Tuch hochschwingen und darunterlaufen
☐ sich zu mehreren unter dem Tuch bewegen
☐ Bälle, Luftballons mit dem Tuch hochwerfen, auffangen

92

☐ sich von der Gruppe auf dem Tuch im Sitzen, Knien, Stehen ziehen lassen, versuchen, aus dem Tuch zu krabbeln

☐ Zelt, Höhlengänge mit dem Tuch gestalten.

Rollbretter

Sie bieten eine große Vielfalt an Bewegungsmöglichkeiten

Bewegen mit Rollbrettern

☐ Sie können einzeln und paarweise im Liegen, Sitzen und Knien vorwärts benutzt werden

☐ paarweise können sich die Kinder im Raum ziehen oder schieben

☐ Materialtransport

☐ Hindernisbahnen

Aufgrund unserer Erfahrungen sind wir überzeugt, daß es sinnvoll ist, Bewegungsgelegenheiten zu schaffen, die ein eigenständiges Deuten der Geräte als Bewegungsgeräte ermöglichen. Tobe-, Bau- und Konstruktionsspiele, individuelle und gruppenbezogene Symbol- und Rollenspiele, Regelspiele, selbständiges und angeleitetes Üben von Bewegungsformen: alles ist zugleich möglich und bietet eine Hülle von pädagogischen Ansätzen und Perspektiven auch und gerade für eine gezielte Förderung.

Quellennachweis

Hupperk. H.: Erziehung durch Bewegung, Bad Godesberg: Dür 1968

Psychomot. Übungsgeräte: Bezug unter Karl-H. Schäfer, Kleiner Schratweg 36, 4920 Lemgo

Psychomot. Zusatzausbildung: Verein f. Rehabilitation u. Soz. Integration e. V. Geschäftsstelle, Quickborn, Hermann-Löns-Weg

Bewegtes Ende

Schlußwort

Bewegungsfreiraum für unsere Kinder – Schlußfolgerungen zur Veränderung der politischen Rahmenbedingungen.

Es reicht nicht aus, nur darüber nachzudenken, was wir den Kindern an praktischen Anregungen geben können, damit sie sich austoben und in Bewegung sind. Es reicht nicht aus, Möbel an die Seite zu rücken, um Bewegungsangebote zu schaffen oder Ausflüge ins Grüne zu veranstalten, damit die Kinder vorübergehend ihrem Bewegungsdrang nachgehen können.

Bewegungsnormen auflockern

Wir müssen etwas tun, um Zwänge, Verbote und Normen aufzulockern, die in unserer Gesellschaft an jeder Ecke Kinder zwingen, sich in einer Enge zu entwickeln. Die planmäßige Turnstunde in der Schule, die Angebote der Vereine – all das reicht nicht aus. Oft laufen sogar die planmäßigen Angebote steril bewegungsarm und einfallslos ab. Es geht auch nicht in erster Linie um dieses geplante „Bewegungsdasein", es geht darum, den alltäglichen Bewegungs-, Spiel-, Erlebnis- und Erfahrungsraum für Kinder nicht weiterhin so einengen und beschneiden zu lassen. Innerhalb der städtischen Wohn- und Lebensräume müssen für den Bewegungsalltag unserer Kinder andere Bedingungen geschaffen werden. Wir müssen unsere Politiker dazu bringen, Veränderungen anzustreben:
Vorstellbar wäre z. B. eine Umgestaltung der monotonen, kahlen Schulhöfe. Man könnte mit wenig Kostenaufwand Flächen, Nischen, Inseln schaffen, die zu Bewegung, Spiel und Sport einladen. Notwendig sind vor allem auch verbesserte Wohnbedingun-

gen für kindliches Bewegen, Spielen und Toben. *Ein Umdenken bei der Planung und Gestaltung neuer Wohnflächen* ist dringend erforderlich. Es müssen *genügend Spielplätze* für Kinder schnell und selbständig erreichbar sein, die ihnen auch genügend Möglichkeiten lassen, sich auf Bewegungsabenteuer einzulassen.

Mehr Bewegungsfreiraum auf Wohnflächen

Die Umfunktionierung von mehr herkömmlich genutzten Straßen und typischen Wohngebieten in sogenannten Spiel- und Kommunikationsstraßen wäre sinnvoll als Raum für Bewegung und Spiel. Auf den Spielplätzen sollten nicht nur langweilige Spielgeräte aufgestellt werden, an denen nur monotone Bewegungsabläufe möglich sind. Es sollte Geräte geben, die zur Bewegung einladen, neugierig machen, Aufforderungscharakter haben, verschiedene Bewegungskombinationen zulassen, die Phantasie der Kinder anregen.

Spielstraßen fordern

Die Einrichtung von Turn- und Spielparks wäre sinnvoll. Dazu würden fest installierte Kletterbäume, Turnstangen und Klettergerüste ebenso gehören wie ein Spielfeld mit aufgemalten Hüpfspielen oder mit Kunststoffbelag für Ballspiele aller Art.

Es gibt viele Fußballplätze in Deutschland. Nur die Hälfte eines Fußballplatzes würde reichen, um einen sogenannten Spiel- und Turngarten einzurichten. Die Fußballplätze werden nur an Wochenenden für den Leistungssport und dafür genutzt, daß die Zuschauer ihre „Stellvertreterbewegung" haben; passive Zuschauer und aktive Leistungssportler, immer das gleiche Bild. Innerhalb der Woche wirken die Fußballplätze tot, sind oft ungenutzt. Ein Spiel- und Turngarten jedoch würde täglich aktiv von den Kindern (und vielleicht auch Erwachsenen) genutzt.

Spiel- und Turngärten einrichten

Es müssen mehr geeignete Möglichkeiten geschaffen werden, das Sporttreiben einer breiten Öffentlichkeit zugänglich zu machen, und zwar auch außerhalb fester Richtlinien in Schulen und Vereinen. Freianlagen müssen in Baurichtlinien Einzug halten oder gar zur Normausstattung werden. Sportlehrkräfte könnten beispielsweise Anregungen für solche modellhaften Anlagen geben. Architekten und Erbauer von Wohnflächen sollten diese Anregungen in ihre Planungen einbeziehen.

Wir sollten auch den Einfluß von Eltern nicht als gering einschätzen. Sie können sich in Gremien und Initiativen für mehr Bewegungsfreiraum ihrer Kinder einsetzen. Auf Dauer können Politiker, Planer und Erbauer der Wohnumwelt nicht gegen den Willen engagierter, solidarisierter Eltern agieren.

Wir hoffen, daß dieses Buch dazu beigetragen hat, Eltern und Erziehern die Bedeutung von spielerischer Bewegung für die Kinder bewußt zu machen. Es würde uns freuen, wenn dieser Bewußtseinsprozeß dazu führen würde, daß Eltern und Erzieher nicht nur Bewegungsanregungen geben, sondern sich auch für eine Umwelt stark machen, die ihren Kindern mehr Bewegungsfreiraum läßt.

Eltern und Erzieher sollten Druck machen, damit vor allem von den Politikern erkannt wird, daß unsere hochtechnisierte, perfektionierte Welt Ausgleichsbetätigungen zu stereotypen, monotonen Bewegungen dringend braucht. Bewegungsverweigerung und Einengung wecken Aggressionen und verhindern deren Entladung. Zur besseren Lebensqualität gehört die Einheit von physischem, psychischem und sozialem Wohlbefinden. Es muß ein Ausgleich zum Sitzzwang und zur Reizüberflutung hergestellt werden. Sonst werden motorische, gefühlsmäßige, kreative und soziale Fähigkeiten immer mehr verkümmern.